아하, 계산기는 마법사

아하, 계산기는 마법사

김신좌 · 고지연 공저

한국학술정보(주)

* 이 책은 2005년도 정부재원(교육인적자원부)으로 한국학술진흥재단의 지원을 받아
  수행된 연구임(KRF-2005-030-B0043).

무엇을 배울까 ?

"수학은 우리 주위에 있다"

라는 말은 쉽게 말하고 들을 수 있는 말입니다.
선생님들이 학생들에게 자주 말씀하시는 것이기도 하죠!
선생님께서 이 말씀을 하실 때마다 우리 친구들은 어떤 생각을 하나요?

대부분 고개를 끄덕끄덕!
같은 생각이라는 뜻이겠죠.

그러나 엉뚱 소년 마빡이는 이런 생각을 했답니다.

'항상 수학을 볼 수 있는 것은 아닌 것 같은데…….'

엉뚱소년 마빡이는 왜 이런 생각을 했을까요?
네. 그렇습니다.
그곳에 수학이 있지 않아서가 아니라,
어디에서 어떻게 수학을 바라보아야 하는지를 몰라서랍니다.

그렇다면 우리는 어디에서 어떻게 수학을 바라보아야 할까요?

이 프로젝트는 여러분에게 올바른 방향을 제시하는 바람에서 준비된 것입니다.

이 책을 읽으면서 어떤 수학 보물을 얻을 수 있을까요?

이 책은 여러분에게 계산기와 수학의 관계를 가르쳐 줍니다.

어떤 기능이 계산기에 숨겨 있을까요? 계산기는 우리 생활과 어떤 관계가 있을까요?

이 책은 시장과 급식이라는 큰 이야깃거리로 짜여 있습니다.

학교 알뜰시장을 구경하면서 생각해 볼 수 있는 여러 수학이야기를 계산기의 도움을 받아가며 해결합니다.
그러나 먼저 머릿속으로 어림해보고 계산기로 알아보는 것! 이것을 꼭 지키도록 합니다.

학교 급식. 점심은 정말 기다려지는 즐거운 시간입니다.
학교 급식은 누가 계획할까요?
영양사 선생님은 어떤 기준으로 학교 급식을 챙기실까요?
그리고 학교 급식에서 수학은 어떤 역할을 할까요?
수학과 학교 급식의 관계를 탐험할 때 계산기는 어떤 편리함을 줄까요?

어떤 계산기의 기능이 우리에게 도움이 될까요?

이 책을 통하여 이런 이야기들을 함께 탐험해 봅시다.

- 백치 선생으로부터 -

이 책의 차례

오늘은 학교 알뜰시장의 날.

지난 일주일 동안 승찬이네 학교 어린이들은 알뜰시장을 준비하였습니다. 재활용 물건을 반별로 모았습니다.

어떤 물건들을 알뜰시장에서 판매할까요?

재활용 물건과 순대, 떡볶이, 음료 등 맛있는 간식도 판매합니다. 어머니들을 위한 여러 가지 미용재료들도 판매하고!

여러분, 승찬이네 학교 알뜰시장으로 놀러오세요.

알뜰 시장이 시작되기 전, 선생님께서는 승찬이네 반 친구들에게 계산기를 하나씩 주셨습니다.

친구들: 우와!
친구들: 야, 이것 좀 봐!
친구들: 볼래? 이 버튼을 누르면 이렇게 된다!

백치선생: 어떻게 물건을 알뜰하게 구입할 수 있을까? 계산기를 이용해보면 어떨까요?
백치선생: 물건을 구입할 때 계산기는 어떤 도움을 줄까요?

백치선생님께서는 승찬이네 반 친구들에게 계산기를 나누어 주셨습니다. 계산기를 이용하여 알뜰한 장보기를 해보라고 하셨습니다.
선생님이 내주신 숙제를 함께 해결해볼까요?

자, 지금부터 무한한 계산기의 세계로 함께 빠져 봅시다.

계산기를 이용하여 다음을 계산하시오.

잠깐, 주어진 문제를 해결할 때 친구들과 의논은 금물! 각자 계산을 해결합니다.
계산을 마친 다음 선생님과 함께 결과를 의논하도록 합니다.

$2 \times 25 \times 4 =$	$125 + 63 + 12 =$
$25 \times 3 \times 4 =$	$293 + 28 + 7 =$
$8 \times 25 \times 7 =$	$517 + 87 - 17 =$
$16 \times 25 \times 3 =$	$359 + 39 + 2 =$
$4 \times 12 * 15 =$	$803 - 25 - 3 =$
$1000 - 165 - 35 =$	$6 \times 6 + 24 =$
$1000 - 137 + 27 =$	$3 \times 8 + 56 =$
$1000 - 243 - 17 =$	$7 \times 6 - 12 =$
$1000 - 268 + 58 =$	$9 \times 7 - 35 =$
$1000 - 734 + 104 =$	$8 \times 8 - 48 =$

지　훈: 선생님, '*'표가 뭐예요?
백치선생: 네, 컴퓨터에서도 계산 기능이 있습니다. 그러나 자판에는 '×'기호가 없지요. '*'는
　　　　　컴퓨터 자판에서 바로 그 곱셈 기능을 합니다.
친구들: 아, 그럼 '×'대신 누르면 되겠군요?

각자 해결한 값을 모둠 친구들과 함께 의논해 보세요.
결과가 서로 같은가요? 왜 그럴까요?

▣ 과제활동

주변을 둘러보세요. 어떤 수학도구를 찾을 수 있습니까?

요즘 같은 '전자 시대'에 어느 집이든지 하나쯤은 있는 물건!
무엇일까요? 네. 그것은 계산기입니다.

각자 집에서 서랍 속에 숨겨진 계산기를 찾아 탐험해 보세요.
우리 집 계산기는 어떤 기능을 갖고 있나요?

$$2 + 54 - 6 =$$
$$3 \times 4 \div 2 =$$
$$3 + 8 \times 5 =$$

구한 값을 짝과 비교해 보세요. 구한 값이 서로 같은가요?
알게 된 점을 친구들과 함께 비교해 보세요.

어떤 기능이 계산기마다 같은 점일까요? 다른 점은? 왜 그럴까요?

계산기의 키를 탐험하자

계산기의 여러 가지 기능과 키를 탐험해 봅시다.

☐ 전원 켜기-ON / OFF키를 찾아 번갈아 눌러 보세요. 어떤 계산기는 계속 켜둔 채 놓
　아두면 자동으로 꺼지기도 합니다. 어떤 태양 건전지 계산기는 OFF버튼
　이 없기도 합니다.

☐ 지우기-지우기 버튼은 계산기의 값을 지웁니다. 새로운 계산을 시작하기 전에 계산기
　값을 지우는 습관을 들여 보세요. 계산 도중 잘못 입력하였다면, "입력 취소
　(clear entry, CE)"키를 사용합니다. 방금 잘못 입력한 값을 계산기 창에서
　지우는 역할을 합니다.

☐ 계산 더하기, 곱하기, 차, 나누기와 몫 구하기
　가족 또는 친구들과 함께 각자 문제를 만들어 값을 어림해보고 결과를 계산합니다. 예
　를 들어,

어린이	중학년 3-4학년이상
30 + 10	65 + 42
30 - 10	65 - 42
30 × 10	65 × 42
30 ÷ 10	65 ÷ 42

계산기에 등호 기호 "="가 없다면 고장 난 것이 아니라 대수 논리가 적용되는 계산기
가 아님을 뜻합니다. 계산기에 익숙하지 않은 사람들은 "="키가 있는 계산기를 사용
하도록 합니다.

☐ 상수 계산-계산기가 어떤 수 연산을 반복하여 사용하도록 기억하게 만들 수도 있습니
　다. 이 "상수"모양은 사용하는 계산기에 따라 다양한 방법으로 작동합니
　다. 2~3가지 정도의 해답과 실험을 하면서 올바른 기계 작동 방법을 구해
　보세요.

☐ 2를 반복하여 세어 보세요.

☐ 2＋2＝＝＝＝.

보통 이와 같이 작동합니다. 어떤 계산기는 2＋＋2＝＝＝를 선호하기도 합니다. 여러분 계산기는 어떻게 작동하나요?

☐ 곱셈, 나눗셈, 뺄셈을 위하여 상수를 어떻게 이용하면 좋을지 탐험해 보세요.

☐ 계산기 메시지－0으로 나누기를 시도할 때 계산기가 어떻게 작동하는지 알아보세요. 특별한 메모리 저장에 입력하면서 최대 다룰 수 있는 수가 얼마인지 알아보세요. 이러한 메시지를 알아두면 계산 동안 시간을 절약하는 데 도움이 됩니다.

도전마당 1. 희야 아주머니와 감자떡

윤택이네 동네에는 약간 괴짜인 아주머니께서 살고 계십니다. 우리는 그 아주머니를 '희야 아주머니'라고 부르죠.

B. I 는 여러 가지에 관심이 많으신데 감자떡 요리하기, 기계를 이용하여 계산하기를 아주 즐기십니다.

감자떡 이야기 한번 들어보시렵니까? 그렇다면, 먼저 아주머니께서 개최하였던 이상한 계산 대회를 알아야 합니다.

이상한 계산 대회

대회규칙: 계산 버튼을 한 번 누를 때마다 1천 원씩 지불하기!

이상한 계산 대회 예선전

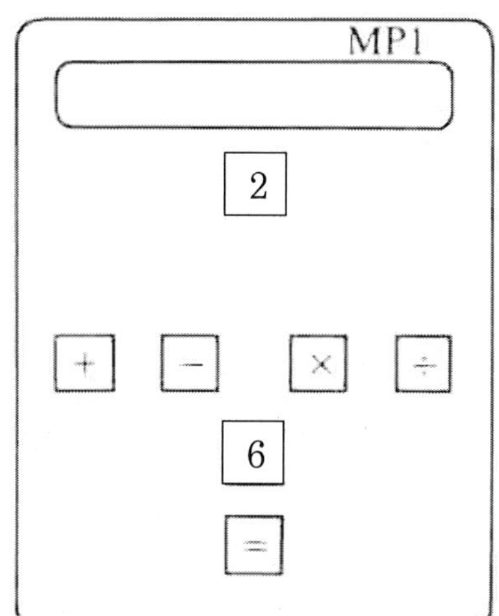

【규칙】
① 오른쪽 계산기만을 이용하죠.
② 키는 10번 초과하여 누를 수 없어요!
③ 구하는 수 :

> 12, 30, 19, 110, 13, 6.2

④ 매번 키를 누를 때마다 1천 원이 세금!

[예] 11을 구하기 위하여,

$$2 \quad \times \quad 2 \quad \times \quad 6 \quad - \quad 2 \quad \div \quad 2 \quad =$$

세금은 10천 원입니다.

세금을 아끼기 위하여 먼저 누를 키를 생각하여 기록지에 써보고 계산창에 답을 구합니다.

[기록지]

수	누른 횟수	벌어들인 금액
12		
30		
19		
13		
110		
6.2		

이상한 계산대회 결승전

☐ 10번 내외로 키를 누를 때마다 4천원을 지불합니다.
☐ 구하는 수: 0.16, 6.4, 0.03
☐ 어떤 메모리 키를 이용하면 매번 누를 때마다 아주머니께서 0.25천 원을 주십니다.
☐ 모든 해결방법은 3일내에 제출합니다.

B. I 는 결승전에 진출한 사람들이 문제를 해결하면 상금을 주셨어요. 윤택이네 마을 사람들은 제법 많은 돈과 좋은 계산기를 희야 아주머니께 받게 되었지요!

계산 대회 뒷이야기

마음 좋은 희야 아주머니. 내년에는 숫자 4와 여러 가지 연산 기능이 있는 계산기를 이용하여 0부터 100까지의 범자연수[1]를 얻는 사람에게 감자떡을 주기로 하였답니다.

어떤 사람들은 0부터 100까지의 모든 자연수를 얻기 위해 지금까지도 자릿수를 이용한 도전을 계속하고 있답니다. 그래서 또 다른 이야기가 이어지고 있답니다.

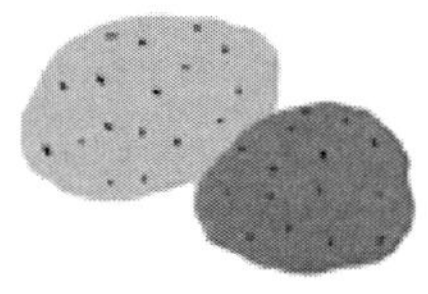

---

1) 범자연수(whole number)는 0, 1, 2, 3, …와 같이 0을 포함한 자연수를 일컫는 말입니다.

놀이마당1. 징검다리 덧셈 계산

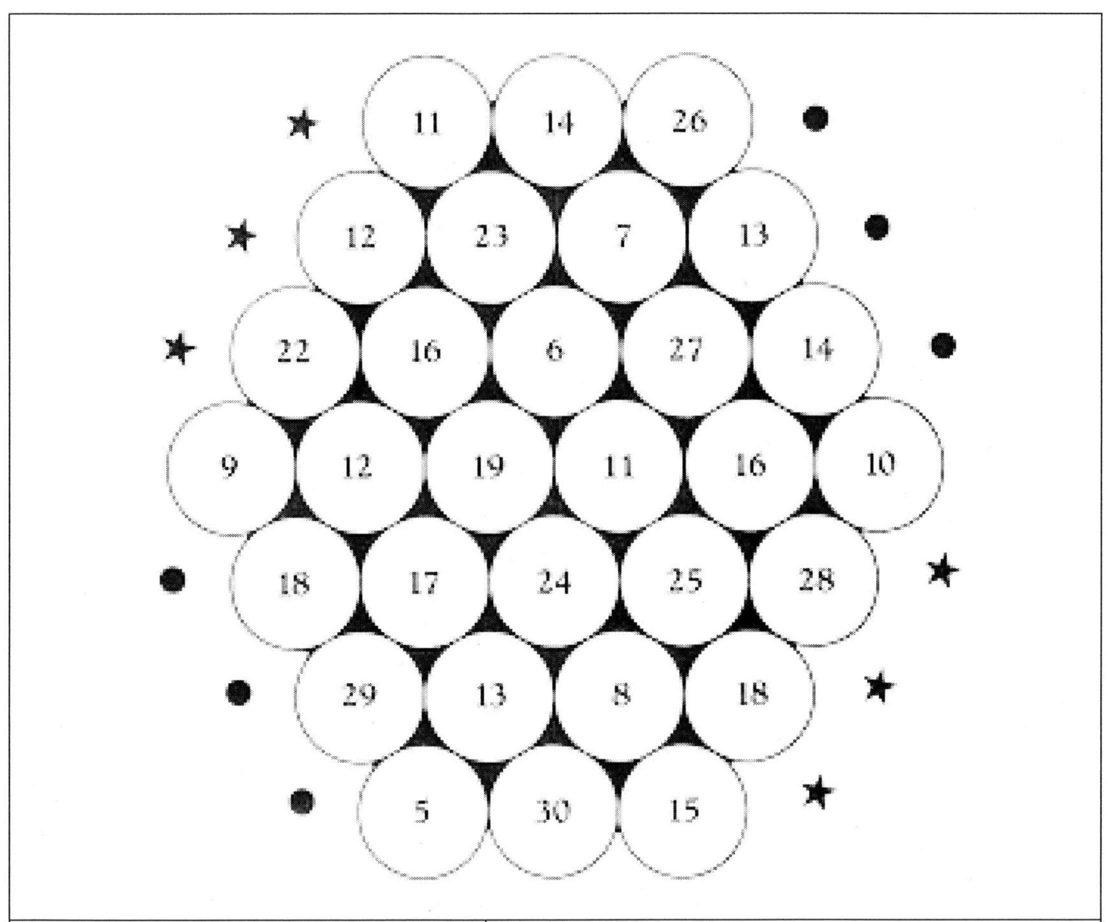

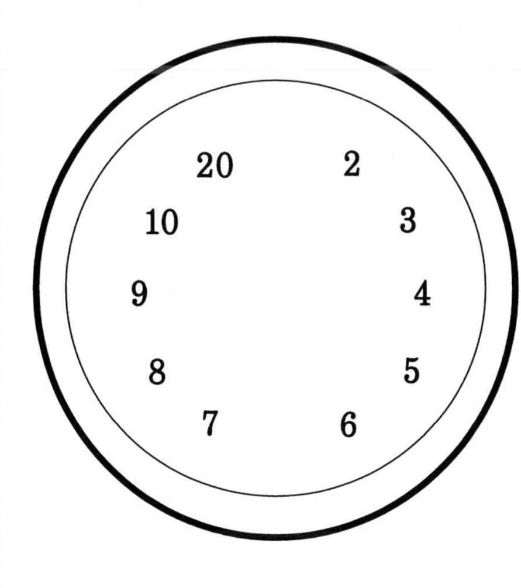

★ 짝과 함께 돌아가며 놀이를 합니다.

★ 큰 원의 임의의 두 수를 선택합니다.

★ 선택한 두 수를 더합니다.

★ 더한 값이 놀이판에 있고 아직 색칠되지 않았다면, 내 땅 표시(예를 들면, '★'표시하기)를 합니다.

★ 첫 번째 놀이자는 '★'표를 선택하고, 두 번째 놀이자는 '●'표를 선택합니다.

★ 놀이에서 이기려면? 나의 표시들이 있는 양쪽을 서로 이어야 합니다. →예를 들어, 같은 모양의 ★ 또는 ● 표시들이 서로 연결되어야 합니다.

놀이마당1. 징검다리 덧셈 계산

놀이마당 2. 징검다리 덧뺄셈 계산

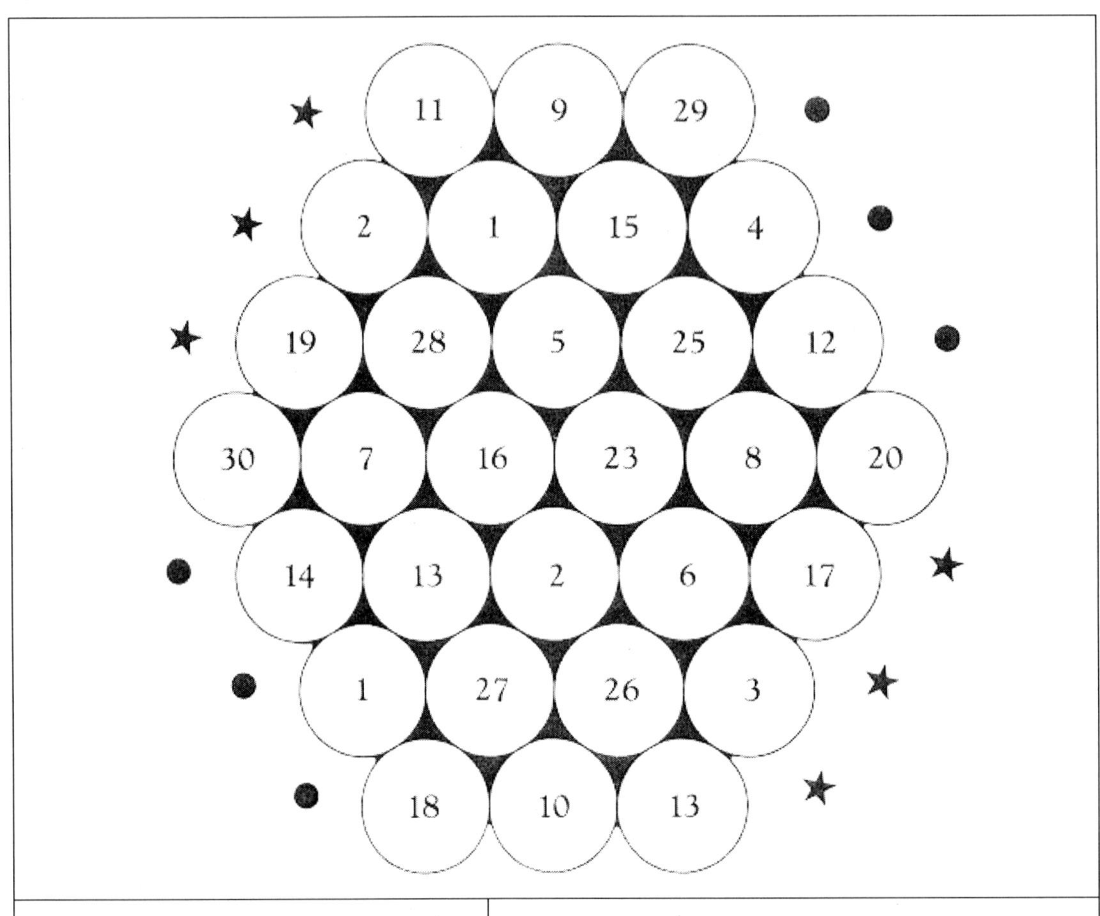

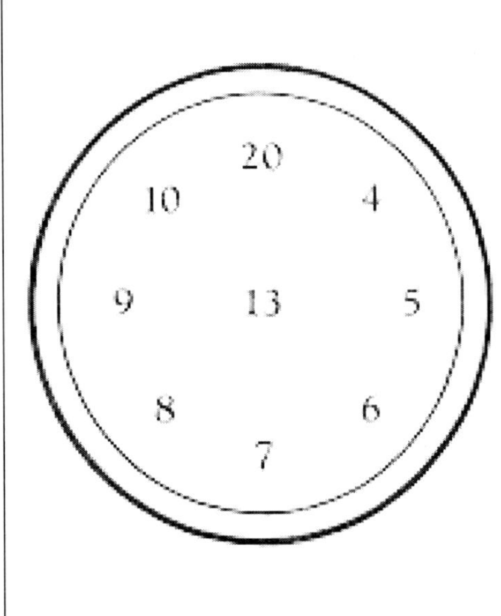

★ 짝과 함께 돌아가며 놀이를 합니다.

★ 큰 원의 임의의 두 수를 선택합니다.

★ 두 수를 더하거나 뺍니다.

★ 답이 놀이판에 있고 아직 색칠되지 않았다면, 내 땅 표시(예를 들면, ‘★’)를 합니다.

★ 첫 번째 놀이자는 ‘★’표를 선택하고, 두 번째 놀이자는 ‘●’표를 선택합니다.

★ 놀이에서 이기려면? 나의 표시들이 있는 양쪽을 서로 이어야 합니다.→예를 들어, 같은 모양의 ★ 또는 ● 표시들이 서로 연결되어야 합니다.

Ti-15

선생님께서 나누어 주신 계산기는 Ti-15입니다.

승찬이는 Ti-15를 이용하여 물건 값을 계산해 봅니다.

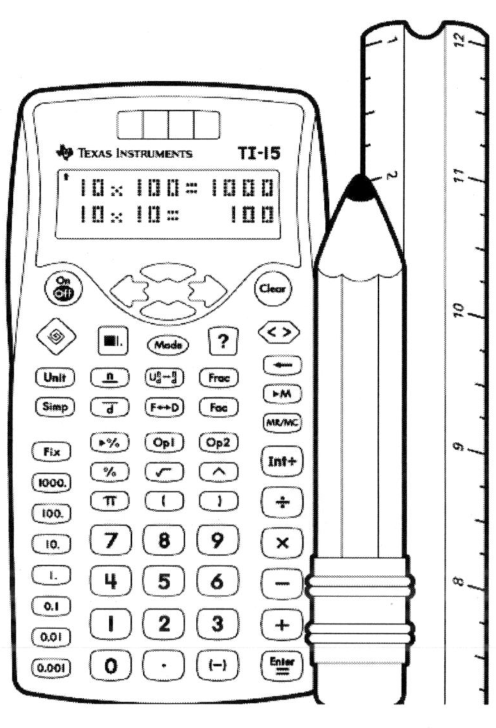

계산창의 첫 번째 줄에는 모두 11개의 숫자가 입력됩니다. 배열은 왼쪽 윗줄부터 시작됩니다. 공간이 충분하면 누른 숫자와 해답이 첫 번째 줄에 함께 제시됩니다.

두 번째 줄도 모두 11개의 숫자 열이 나열됩니다. 첫 번째 줄에 나열된 숫자가 너무 길면, 두 번째 줄까지 이릅니다. 입력한 숫자와 결과가 한 줄에 배열되지 않으면 두 번째 줄 오른쪽 편에 답이 출력됩니다.

두 번째 줄까지도 모자라면 스크롤하여 윗줄을 확인해야 합니다. 이런 경우, 결과는 [Enter↵] 키를 눌러 확인합니다.

위 글로 Ti-15의 어떤 특징을 알 수 있나요?

네, 위와 같은 특징을 '두 줄 배열'이라고 합니다.

Ti-15는 수연산 체계(Equation Operating System, EOS™)를 따릅니다. 연산 속성은 배열순, 스크롤순, 연산 순서, 괄호에 의하여 계산됩니다. 때문에 괄호가 있는 연산을 먼저 하고, 연산순서를 바꾸고 싶다면 [(] 또는 [)]를 사용하여 연산 순서를 바꿀 수 있습니다. 그러면, 값도 바뀌게 되겠지요?

위 글은 Ti-15의 **연산 순서**에 대한 설명입니다.

연산(algebra) 학습에 꼭 알아야 하는 것은 "연산 순서" 규칙입니다. 컴퓨터에 계산 자료를 입력해야 하는 프로그래머들은 이 규칙을 매우 잘 알고 있는 사람들이죠!

초기화

　[on]과 [clear] 버튼을 동시에 누르거나,
RESET, Y(yes), [Enter↵] 키를 차례로 누르면 초기화
가 됩니다.

자동전원끄기(APDTM)

　5분 동안 Ti-15를 사용하지 않으면, 자동전원끄
기(APD)가 자동 실행됩니다.
　그러나 APD후에 [on] 버튼을 눌러도 진행 중인
연산, 세팅, 메모리는 계속 유지됩니다.

　Ti-15의 메뉴는 Mode 와 Frac 키를 이용하
여 볼 수 있습니다.

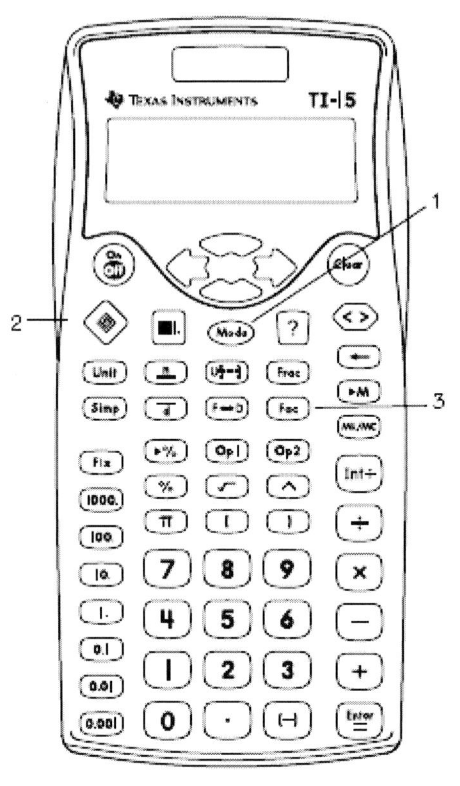

기 능	세부 기능	설 명	예
자 동	U n / d	값을 대분수로 나타냄	$1\frac{3}{4}$
	n / d	값을 가분수 또는 분수로 나타냄	$\frac{7}{4}$
메뉴얼	Man	순서를 간단하게 나타냄	$\frac{6}{8} = \frac{3}{4}$
	Auto	분수의 형태를 약분하여 나타냄	$\frac{3}{4}$
나눗셈 (÷)	.	나눗셈 결과를 소수로 나타냄	.75
	n / d	나눗셈 결과를 분수로 나타냄	$\frac{3}{4}$
상수연산 (Op)	+1	계산창에 상수 연산을 나타냄	1×5 1　　5
	?	상수 연산 숨김	1　　5
삭 제	Op1	선택하면, Op1 삭제	
	Op2	선택하면, Op2 삭제	
재설정	N	아니요 : 계산기를 재설정하지 않음	
	Y	예 : 계산기를 재설정	

문제해결

한편 ◉키는 문제해결 기능을 갖는 키입니다.

 이 키를 이용하여 사칙연산 또는 자릿값에 대한 학습을 스스로 할 수 있습니다. 문제해결 (자동 모드)로 덧셈, 뺄셈, 곱셈, 나눗셈을 여러분 스스로 도전할 수 있습니다.
 또, 모드와 난이도, 연산 유형을 선택할 수도 있습니다.

 문제 해결(매뉴얼 모드)은 여러분이 자신의 문제를 합성하여 미지수나 부등식을 해결해 보는 기회가 되기도 합니다. 문제해결(자릿값)은 여러분에게 주어진 수에서 특정 자리 수, 일의 자리, 10의 자리, 100의 자리, 1000의 자리, 십분의 일, 백분의 일, 천분의 일의 수 를 나열해 주기도 합니다.

기 능	세부 기능	설 명	예
자 동	난이도	1 2 3	
	연 산	+ − × ÷ ?(덧셈, 뺄셈, 곱셈, 나눗셈, 연산 찾기)	
매뉴얼	배열기능 (문제해결 을 위한 특 수기능)	11−.(1, 10, 100, 100의 수를 나열하기)	1234 100. : 12＿＿
		1−.(1, 10, 100, 1000의 자릿수 나열하기)	1234 100. : ＿2＿＿

아래 그림의 번호에 해당되는 버튼은 각각 어떤 역할을 하는지 살펴봅시다.

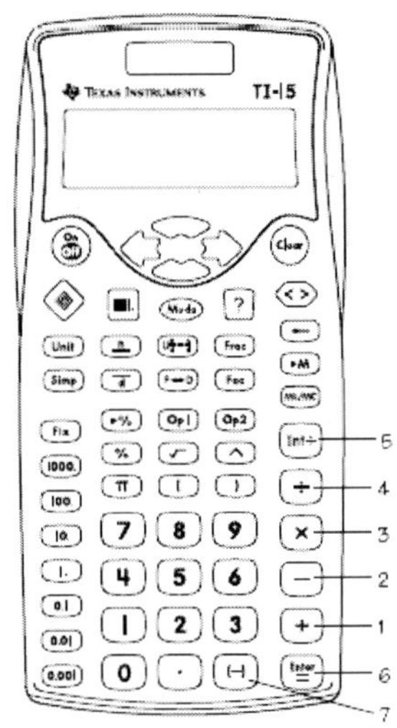

1. ⊞ 더하기
2. ⊟ 빼기
3. ⊠ 곱하기
4. ⊡ 나누기. 모드를 설정한 값에 따라 소수 또는 분수로 몫과 나머지를 나타낸다.
5. Int÷ 범자연수를 범자연수로 나누기, 몫과 나머지를 범자연수로 나타내기
6. Enter↵ 연산을 수행하기
7. (−) 음수를 입력하기

계산기 각 버튼의 기능에 대하여 어떤 것을 알게 되었나요? 친구들과 의논하여 보세요.

1. 계산기를 이용하여 계산을 하시오.

(1) 일기예보에 의하면 오늘 아침 6 : 00의 서울의 기온은 −3℃입니다. 아침 10 : 00경에 기온은 12℃ 정도가 될 예정입니다. 그렇다면, 아침 10 : 00의 기온은 얼마나 될까요?

(2) 승찬이는 껌을 27개 갖고 있습니다. 껌을 공평하게 친구 5명과 나누어 갖고 싶답니다. 각자 몇 개의 껌을 갖게 될까요? 몇 개의 껌이 남게 될까요?

(3) 계산기를 설정하여 27을 6으로 나눈 몫을 소수로 나타내시오. 어떻게 설정하면 몫이 소수로 나타내어질까요?

(4) 계산기를 설정하여 27을 6으로 나눈 몫을 분수로 나타내시오. 설정한 과정을 친구들과 의논해 보세요.

(5) 정민이네에서 학교까지 오는 데 450초가 걸립니다. 거리는 2km입니다. '분(′)'과 '초(″)'를 이용하여 걸린 시간을 나타내어 보세요.
걸린 시간을 계산기를 이용하여 나타내어 보세요. 어떤 값이 '분(′)'을 나타냅니까? '초(″)'를 나타내는 값은?

특명, Ti-15를 작동하라!

이제 다시 알뜰시장 이야기로 돌아와 봅시다.

승찬이는 쿠폰수와 물건 값을 계산기를 이용하여 구해 보았습니다.

승찬이는 쿠폰 수를 이용하여 물건 값을 알아봅니다.

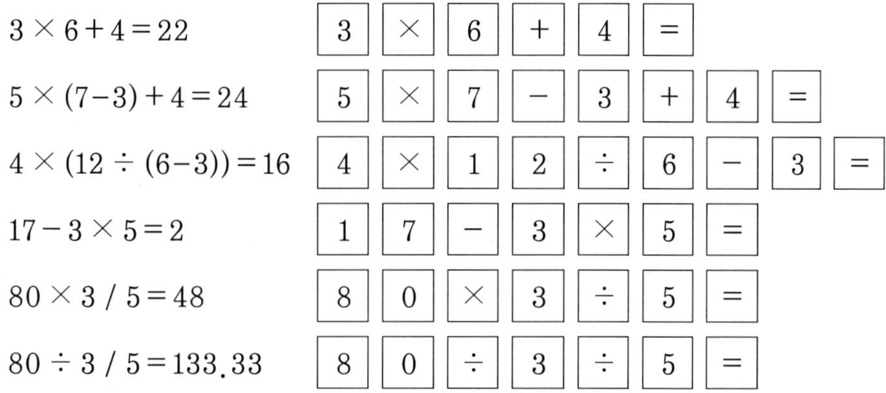

새롭게 알게 된 기호나 부호에는 어떤 것이 있습니까?

새롭게 알게 된 기호나 부호는 각각 어떤 역할을 하는지 생각해 봅시다. 계산기를 이용하여 주어진 순서에 따라 값을 구해 보세요. 어림값과 계산기 값을 비교하면서 알게 된 점을 3가지 이상 말해 보세요.

승찬이는 $3 \times 6 + 4$의 값을 다음과 같이 해결하였어요.

먼저 버튼 3을 누르고, × 버튼을 누른 다음, 6버튼을 누르고……

3	×	6	+	4	=

계산기에 입력한 순서를 위와 같은 방법으로 나타낸 것을 **계산 막대**라고 합니다.

다음 표를 완성해 보세요.

문 제	어림값	계산기 값	문 제	어림값	계산기 값
$3 \times 6 + 4 = 22$	22		$17 - 3 \times 5 = 2$	22	
$5 \times (7 - 3) + 4 = 24$			$80 \times 3 / 5 = 48$		
$4 \times (12 \div (6 - 3)) = 16$			$80 \div 3 / 5 = 133.33$		

〈알게 된 점을 친구들과 의논하여 보세요.〉

친구 이름	의 견	비 고

놀이마당 3.

짝과 함께 놀이를 하여 봅시다.

◉ 2인 1조, 계산기 1개씩

7까지

계산기 창에 0이 나타나도록 초기화합니다. 서로 번갈아 가면서 1 또는 2씩 더합니다. 값 7을 먼저 얻는 사람이 놀이에서 이깁니다. 값이 7을 넘으면 놀이에서 지게 된다는 점을 꼭 기억합니다.

시작: 0
1 또는 2를 더하기
목표: 7

11부터

계산기를 초기화하고 값 11을 입력합니다. 서로 번갈아 가면서 1 또는 2를 빼기합니다. 먼저 값 0을 얻는 사람이 이깁니다.

시작: 11
1 또는 2를 빼기
목표: 0

이번에는 21!

계산기 값을 0으로 초기화합니다. 번갈아 가면서 값 1, 2, 3 또는 4를 입력합니다. 값 21을 먼저 얻는 사람이 이깁니다.

시작: 0
1-4를 더하기
목표: 21

101 여행

계산기에 101을 입력합니다. 매번 서로 돌아가면서 1, 2, 3, 4, 5, 6, 7, 8 또는 9를 나열된 수에서 빼기합니다. 계산기 창에 값이 0이 나타나게 만들어 봅시다. 값 0을 먼저 얻으면 이깁니다.

시작: 101
빼기 1-9
목표 101

백년?

0부터 시작하여 값 100을 얻을 때까지 매번 1-9의 값을 더합니다. 이번 문제는 그렇게 쉽지 않지요?

시작: 0
1-9를 더하기
목표 100

2001

계산기에 2001을 입력합니다. 매번 1-99까지 빼기합니다. 0에 먼저 도달하는 사람이 놀이에서 이깁니다.

시작: 2001
1-99를 빼기
목표: 0

할인코너

학교 알뜰시장이 열렸습니다.

벼룩시장, 아름다운 시장, 먹거리 장터, 할인코너 등. 벼룩시장과 아름다운 시장에서는 각반에서 수합한 재활용품을 학생들이 직접 판매합니다. 먹거리 장터는 떡볶이, 오뎅과 같은 간식을 판매합니다. 할인코너에서는 생활용품을 판매합니다.

승찬이는 친구 상우와 스포츠복 할인코너를 구경하였습니다. 가격표가 상품마다 모두 붙여져 있습니다. 그런데, 정말 이상한 가격표군요. 단위는 원이 아니라 천 원입니다. 예를 들어, 28.0원이 아니라 **28.0천 원**이라는데 승찬이와 상우는 도대체 가격을 어림할 수가 없었습니다.

게다가 어떤 옷들은 가격표보다 더 싸게 살 수도 있습니다. 가격을 어림하기가 좀처럼 쉽지 않군요.

이럴 때 계산 실력이 필요하겠지요?

기본단위: 천 원

소수와 소수상자

알파벳 상자를 만들어 볼까요? 알파벳 상자는 정육면체 모양의 빈 상자에 가로 10칸, 세로 10줄씩 작은 상자를 꽉 채운 후 필요한 모양에 따라 색칠한 것입니다. 예를 들어, 문자 Y 상자는 100개의 쌓기나무 중에서 21개를 아래 그림과 같이 색칠합니다. 우리는 이것을 "100분의 21($\frac{21}{100}$)"이라고 읽습니다. "0.21" 또는 "21퍼센트"라고도 합니다. 0.21은 소수이고, 21퍼센트는 백분율입니다.

다른 상자의 값도 구해 보세요.

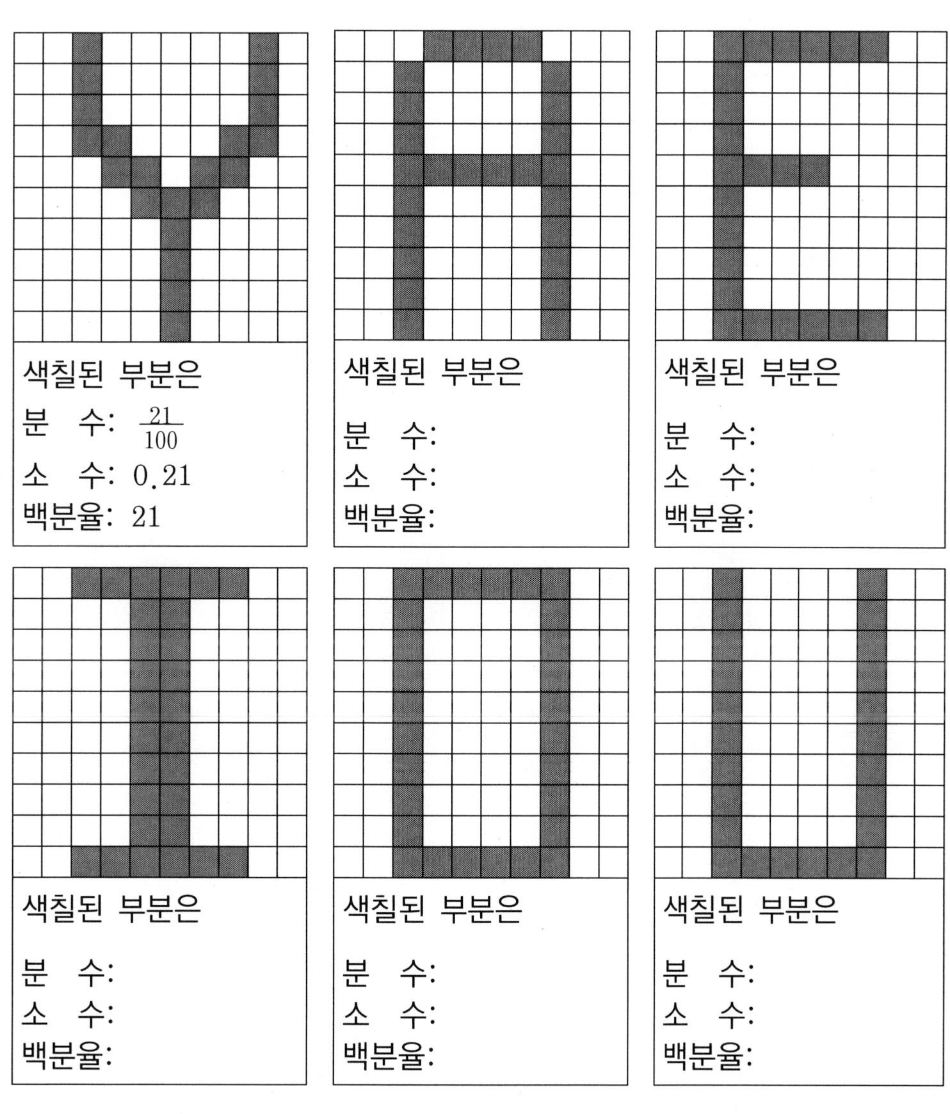

색칠된 부분은

분 수: $\frac{21}{100}$

소 수: 0.21

백분율: 21

색칠된 부분은

분 수:

소 수:

백분율:

색칠된 부분은

분 수:

소 수:

백분율:

색칠된 부분은

분 수:

소 수:

백분율:

색칠된 부분은

분 수:

소 수:

백분율:

색칠된 부분은

분 수:

소 수:

백분율:

소수, 분수, 백분율로 나타낼 때 어떤 규칙이 있을까요?

소수와 분수

소수는 소수점 '.'을 사용하여 12.34와 같이 나타냅니다. 1보다 큰 부분과 1보다 작은 부분을 구별하기 위한 소수점은 1593년 클라비우스(Clavius, C., 1538-1612)가 처음 사용하였어요. 스테빈(Stevin, S., 1548-1620)은 소수를 처음 발견한 사람으로 4.567을 다음과 같이 나타내었습니다.

⓪ ① ② ③
4　5　6　7

분수를 소수로 고치시오. 계산막대로 그 과정을 나타내시오.

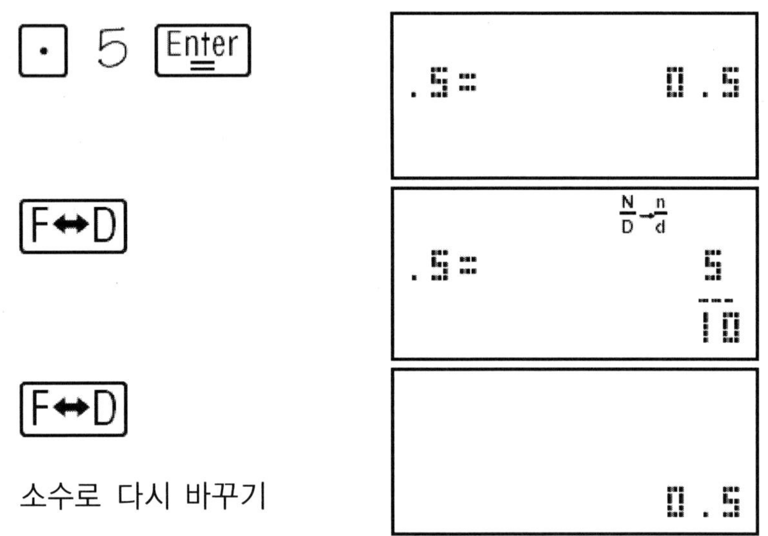

소수로 다시 바꾸기

분수를 2가지 쓰고, 계산 막대를 나타내어 고친 소수를 쓰시오.

1) 분수: ________　소수: ________

계산 막대

2) 분수: ________　소수: ________

계산 막대

소수들의 곱셈 마라톤

나와 내 짝꿍이 소수 곱셈 마라톤을 하는 시간.
다음은 「소수 곱셈 마라톤」의 놀이방법 입니다.

놀이방법:

① [은행]에서 첫 번째 선수가 두 수를 선택하세요.

② 선택한 두 수를 곱하세요(한 번에 꼭, 한 가지 수만 이용합니다).

③ 계산기를 이용하여 두 수를 곱하고 [거리 카드]에서 곱에 대한 위치를 정합니다.

④ 활동지에 달릴 수 있는 위치를 나타내세요.

⑤ 두 번째 선수도 첫 번째 선수와 같은 방법으로 활동합니다.

⑥ [은행]에 준비된 수를 모두 사용하였나요? 가장 멀리 달린 선수가 우승을 합니다.

[준비 은행]

| 2.7 | 0.7 | 0.128 | 15.4 | 5.97 | 18.4 | 0.05 | 0.992 | 93.1 | 33.5 | 111.1 | 0.6 |
| 10.3 | 121.5 | 26.3 | 0.03 | 6.43 | 0.76 | 2.4 | 68.01 | 4.2 | 3.44 | 43.1 | 2.09 |

[거리 카드] 곱이 다음과 같으면,
0.0-0.1 이면, 0.1km를 달려요.
0.1-1.0 이면, 0.2km를 달려요.
1.0-10.0 이면, 0.3km를 달려요.
10.0-100.0 이면, 0.4km를 달려요.
100.0-1,000.0 이면, 0.5km를 달려요.
1,000.0＋이면, 저런, 너무 멀군요. 꽝!

[점수판]

첫 번째 선수	두 번째 선수
1.	1.
2.	2.
3.	3.
4.	4.
5.	5.
총 달린 거리:	총 달린 거리:

백분율

승찬이와 아버지는 지난 여름방학에 스페인을 다녀왔습니다.

여행 두 번째 날, 夫子(부자)는 저녁식사를 위해 패밀리 식당을 갔습니다. 여행에 지쳐서인지 저녁을 맛있게 먹었답니다.

영수증을 보니 음식값은 31.67달러. 꽤 비싼 값이지요?

보통 음식값의 10%를 팁으로 지불하지만, 인심 좋은 아버지는 음식값이 15%를 팁으로 지불하였습니다.

저녁식사 값으로 모두 얼마를 지불하였을까요?

키

1. ▶% 는 백분율로 전환합니다.
2. % 는 백분율을 입력합니다.

① 15%를 분수로 나타내어 보세요.

② 15%를 소수로 나타내어 보세요.

③ 계산기의 분수기능을 이용하여 팁 값을 구해 보세요. 어떤 키를 사용해야 하나요?

④ 계산기의 소수기능을 이용하여 팁 값을 구해 보세요. 어떤 키를 사용해야 할까요?

연 습

1. 25%를 소수로 바꾸시오.

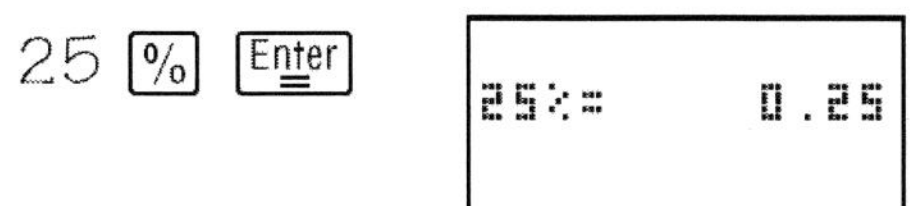

2. $\frac{25}{100}$ 을 백분율로 바꾸시오.

3. 3을 백분율로 나타내시오.

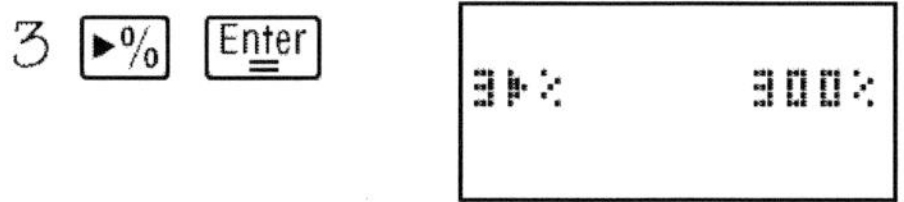

4. 35%를 분수로 나타내어, 약분해 보세요. 다시 소수로 고쳐 보세요. 계계산기에 입력할 순서를 계산막대로 나타내시오. 어떤 것을 알게 되었나요?

(1) 35%를 분수로 나타내고 계산 막대를 완성하세요.

[보기] 25%를 분수로 나타내기

2	5	%	=	……			

(2) 계산창에 35%를 소수로 나타내고 계산 막대를 완성하세요.

(3) 문제 4(1)번과 4(2)번 문제를 해결하면서 알게 된 점을 짧은 글로 써 보세요.

____

____

놀이마당 4. FDP 뽑기 놀이

FDP 뽑기 놀이는 같은 수를 분수(Fraction), 소수(Decimal), 백분율(Percent)로 나타내는 방법을 배우는 데 매우 좋은 놀이예요.

이 놀이는 2~4명이 함께 합니다.

먼저, 각 모둠의 학생들은 FDP 카드를 뒤집어 쌓아 놓습니다.

놀이방법:

1. 놀이를 하는 사람들은 카드를 모두 뒤집어 놓습니다.
2. 첫 번째 사람부터 왼쪽 방향으로 돌아가며 위에 놓인 카드를 뒤집습니다. 시계방향으로 진행합니다.
3. 카드를 모두 공평하게 나누어 가졌나요? FDP 카드 중에서 가장 큰 값을 가진 사람은 누구인가요? 값이 가장 큰 카드는 누구의 것인가요? 이긴 사람은 바로 값이 가장 큰 카드를 갖고 있는 친구입니다.
4. 이런 방법으로 놀이를 합니다.
5. 값이 같은 카드를 두 장 갖고 있나요? 그런 경우, 누가 이긴 사람이 될까요? 값이 같은 카드를 갖고 있는 사람이 가장 높은 점수를 얻게 되므로 이긴 사람의 순서는 다시 정해져야 하겠군요. 그 회에서 가장 높은 값을 갖게 되며, 전쟁이 발생됩니다.
6. 높은 값을 갖는 놀이자가 놀이에서 이기게 됩니다.
7. 놀이에서 우승한 사람은 가장 큰 값을 가진 사람입니다.

분 수	소 수	백분율
		25%

분 수	소 수	백분율
	0.125	

분 수	소 수	백분율
	0.8	

분 수	소 수	백분율
40 / 100		

분 수	소 수	백분율
66.6 / 100		

분 수	소 수	백분율
75 / 100		

분 수	소 수	백분율
87.5 / 100		

분 수	소 수	백분율
		40%

분 수	소 수	백분율
	0.7	

분 수	소 수	백분율
	0.4	

분 수	소 수	백분율
		$87\frac{1}{2}\%$

분 수	소 수	백분율
	0.6	

분 수	소 수	백분율
83 / 100		

분 수	소 수	백분율
		$66\frac{2}{3}\%$

분 수	소 수	백분율
7 / 8		

분 수	소 수	백분율
		$12\frac{1}{2}\%$

분 수	소 수	백분율
		45%

분 수	소 수	백분율
		80%

분 수	소 수	백분율
1 / 8		

분 수	소 수	백분율
3 / 8		

분 수	소 수	백분율
4 / 5		

분 수	소 수	백분율
1 / 4		

분 수	소 수	백분율
80 / 100		

분 수	소 수	백분율
12.5 / 100		

분 수	소 수	백분율
5 / 8		

분 수	소 수	백분율
1 / 5		

분 수	소 수	백분율
3 / 5		

분 수	소 수	백분율
		$62\frac{1}{2}\%$

분 수	소 수	백분율
	0.2	

분 수	소 수	백분율
16 / 100		

분 수	소 수	백분율
	0.625	

분 수	소 수	백분율
	0.16	

분 수	소 수	백분율
20 / 100		

분 수	소 수	백분율
33.3 / 100		

분 수	소 수	백분율
2 / 3		

분 수	소 수	백분율
	0.25	

분　수	소　수	백분율
	0.33	

분　수	소　수	백분율
25 / 100		

분　수	소　수	백분율
3 / 4		

분　수	소　수	백분율
		$33\frac{1}{3}\%$

분　수	소　수	백분율
		75%

분　수	소　수	백분율
7 / 10		

분　수	소　수	백분율
		$33\frac{1}{3}\%$

분　수	소　수	백분율
70 / 100		

분　수	소　수	백분율
		75%

분　수	소　수	백분율
1 / 3		

분　수	소　수	백분율
70 / 100		

분　수	소　수	백분율
	0.75	

분　수	소　수	백분율
		20%

분　수	소　수	백분율
		$16\frac{2}{3}\%$

분　수	소　수	백분율
	0.83	

분　수	소　수	백분율
	0.625	

분　수	소　수	백분율
	0.16	

분　수	소　수	백분율
20 / 100		

분　수	소　수	백분율
		30%

분　수	소　수	백분율
		$83\frac{1}{3}\%$

분　수	소　수	백분율
1 / 6		

분　수	소　수	백분율
3 / 10		

분　수	소　수	백분율
5 / 6		

분　수	소　수	백분율
	0.5	

분　수	소　수	백분율
30 / 100		

분　수	소　수	백분율
60 / 100		

분　수	소　수	백분율
		50%

분　수	소　수	백분율
	0.3	

분　수	소　수	백분율
1 / 2		

분　수	소　수	백분율
	0.6	

분　수	소　수	백분율
62.5 / 100		

분　수	소　수	백분율
50 / 100		

분　수	소　수	백분율
		60%

① 점선을 따라 가위로 오리세요.

② 카드를 뒤집고 놀이를 시작합니다.

③ 이긴 사람에게 카드를 모두 주고 모은 카드는 메이킹 북으로 꾸밉니다.

할인코너 2

할인코너를 구경하던 알뜰한 승찬이!

가격을 따져보며 옷을 싼 값에 구입하려고 노력하네요. 다음은 승찬이의 고민입니다. 함께 생각해 볼까요?

1. 댄스복을 10% 할인한다면 얼마일까요?

2. 알뜰한 상우는 50%를 할인하여 9.90천원을 지불하였습니다. 어떤 옷일까요?

3. 고글에는 불우이웃돕기 성금을 위한 모금액이 더 추가됩니다. 이 모금액을 우리는 성금세라고 부릅니다. 원가격의 6%가 성금세입니다. 고글의 값은 얼마일까요?

4. 옷옷마다 6%의 성금세를 덧붙였고 모두 세 벌을 구입하였습니다.

5. 운동복은 25% 할인된 값에 구입하였어요.

6. 오리발을 20% 할인하고 성금세를 6% 더하여 구입하였다면 값은 얼마일까요?

7. 잠수복을 30% 할인가격에 성금세 6%를 더하여 구입하였다면 100천 원보다 비쌀까요? 왜 그렇게 생각하는지 설명해 보세요.

8. 테니스 치마에 6%의 성금세가 붙는다면 가격은 얼마일까요?

9. 37천 원보다 싸게 짧은 상의를 구입할 수 있을까요?

10. 35% 할인하여 성금세 6% 더한다면 운동복은 얼마일까요?

심 화

다음 조건에 알맞은 수학퀴즈를 내어 봅시다.

1. %가 있을 것!
2. 여러 가지 수의 형태가 있을 것!
3. 생활에서 겪은 이야기를 꼭 넣을 것!

쉽지 않겠지만, 잘 생각해 보고 문제를 만들어 봅시다.
만든 문제는 짝과 서로 바꾸어 해결하여 보세요.
해결 과정을 써 보고, 짝의 생각과 서로 비교합니다.

[내가 만든 수학퀴즈!]

____

____

____

[짝의 해결과정]

____

____

____

도전마당 2. 탐구, 탐구, 탐구!

1. 성구의 갓 태어난 여동생의 몸무게는 $4\frac{3}{8}$ kg입니다. 6개월이 지난 지금 여동생의 몸무게는 처음보다 $2\frac{3}{4}$ kg이 늘었습니다. 여동생의 몸무게는 얼마일까요?
   여러 가지 형태의 수로 나타내어 보세요.

2. 승찬이는 수영장을 20바퀴 도는 데 5.72분이 걸립니다. 은정이는 20바퀴 도는 데 $5\frac{3}{4}$분 걸립니다. 누가 수영을 더 빠르게 할까요? 소수와 분수로 걸린 시간을 비교해 보세요.

장보기

할머니: 승찬아, 슈퍼가자.

승　찬: 할머니 오늘 저녁 메뉴는 뭐예요?

할머니: 승찬이 좋아하는 보쌈이란다.

승　찬: 우와!

할머니: 보쌈용 돼지고기 한 근에 11,500원, 그
　　　　러니까 만 원으로 하고.

승　찬: 할머니, 바나나 먹고 싶어요.

할머니: 할아버지 좋아하시는 포도 한 상자에
　　　　18,950원, 2만 원으로 하면 모두…….

승　찬: 바나나 한 송이 사 주세요.

할머니: 음, 할머니가 3만5천 원을 갖고 왔는데.

할머니: 그렇지, 물건 값이 3만 원이니 먹자구나.

승　찬: 할머니 모두 30,450원인데요?

승찬이는 할머니께서 물건값을 이상하게 계산하신다고 생각했습니다.
사려는 물건의 합계는 모두 30,450원인데, 할머니는 3만 원이라고 하시니까요.

어떻게 할머니는 물건의 총합계를 알아내신 것일까요?
정말 정확하게 물건 값을 더하여 생각하셨을까요?

　네. 물건 값이 5천 원, 3천 원이라면 천원짜리 지폐로 5장 또는 3장만 지불하면 되겠죠.
얼마나 간단하겠어요. 그러나 물건값이 각각 천원, 890원이라면 사용할 지폐와 동전의 종
류도 여러 가지가 되겠지요. 게다가 물건을 한꺼번에 많이 살 때 물건값마저 복잡하다면 정
확한 계산은 쉽지 않은 일입니다. 머릿속이 약간 복잡하겠지요?

　좀 더 편리한 방법은 없을까요?
　물건값을 계산할 때 갖고 있는 돈을 염두에 두고 어림셈을 하면 굉장히 편리합니다. 할머
니의 빠른 계산법! 바로 어림셈입니다.

어림하기

키

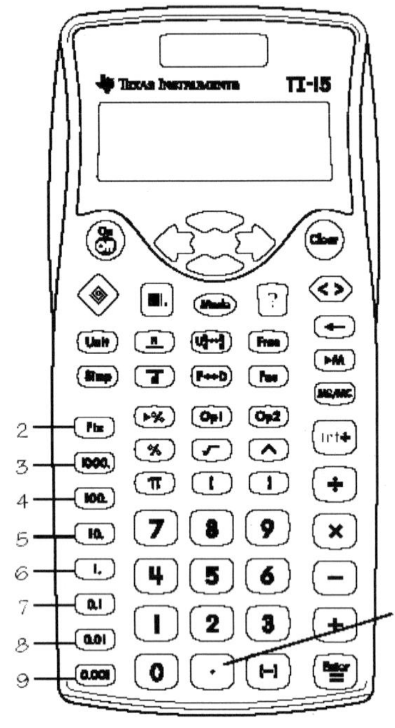

1. ·소수점을 입력합니다.
2. Fix자릿값 키(왼쪽 그림 3-9번)와 함께 혼합하여 소수를 만듭니다. 제시된 값을 반올림할 때, 참값은 내부에 저장합니다. Fix키는 입력한 값을 반올림할 때 참값을 계산기 내부에 저장하는 역할을 합니다.
3. Fix 1000.는 1000의 자리까지 반올림하여 나타냅니다.
4. Fix 100.는 100의 자리까지 반올림하여 나타냅니다.
5. Fix 10.는 10의 자리까지 반올림하여 나타냅니다.
6. Fix 1.는 1의 자리까지 반올림하여 나타냅니다.
7. Fix 0.1는 소수 첫째자리까지 반올림하여 나타냅니다.
8. Fix 0.01는 소수 둘째자리까지 반올림하여 나타냅니다.
9. Fix 0.001는 소수 셋째자리까지 반올림하여 나타냅니다.

Fix ·는 고정된 소수 환경을 해제합니다.

매번 자릿값 키를 설정하기 전에 Fix키를 눌러서 반올림 자릿수를 바꿉니다.

[예] 12.345를 소수 둘째자리, 소수 첫째자리, 소수 셋째자리에서 반올림하고, Fix 환경을 해제해 보세요.

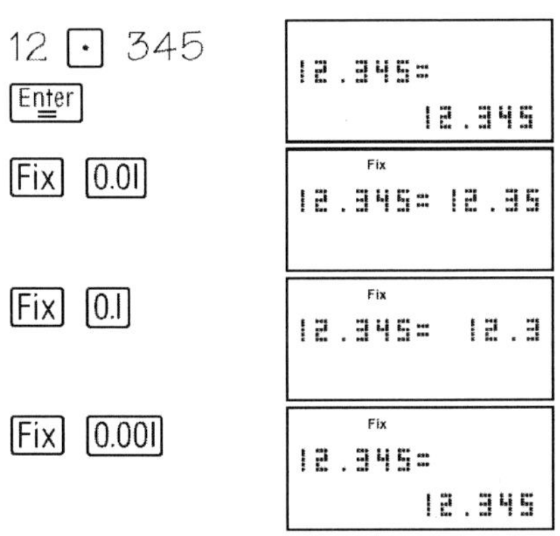

Fix키를 이용하여 반올림을 하면 어떤 결과가 생기나요? 친구들에게 설명해 보세요.

1. 할머니의 계산 방법을 알아봅시다. 다음 계산 막대에 따라 계산기에 입력하고 결과를
   알아보세요. 왜 그렇게 나왔는지 친구들과 의논해 봅시다.

| 1 | 8 | 9 | 5 | 0 | Fix | 1000. | = |

| Fix | . | 1 | 8 | 9 | 5 | 0 | Fix | 100. | = |

2. 다음을 완성하고 친구들에게 설명해 보세요.

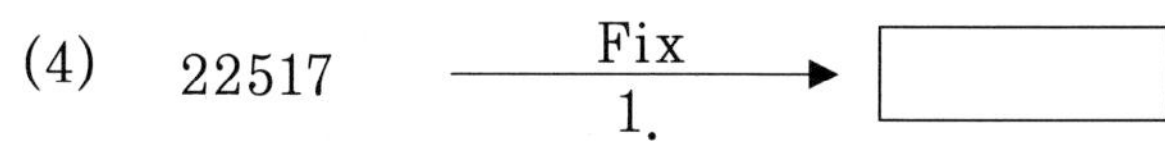

(1) 22517 ──Fix 1000.──▶ 23000

(2) 22517 ──Fix 100.──▶ ☐

(3) 22517 ──Fix 10.──▶ ☐

(4) 22517 ──Fix 1.──▶ ☐

3. 영선이는 아이스크림을 3.50천 원에 샀고, 과자는 2.75천 원에 샀습니다. 큰 컵에 든
   탄산음료도 샀는데 .99천 원이었습니다. 모두 얼마를 지불하였을까요? 지불한 값을
   계산창에 나타내고 선생님께 자랑해 봅시다. Fix 0.1, 0.01, 0.001일 때의 값을 친구
   와 서로 비교해 보세요.

   (1) 영선이는 모두 얼마를 지불하였나요? 값을 구하는 과정을 계산 막대로 나타내어
       보세요.

| 3 | . | | | | | | | | | | | | | | | | |

| | | | | | | | | | | | | | | | | | |

(2) Fix 키를 이용하여 지불한 값을 여러 방법으로 나타내어 보세요.

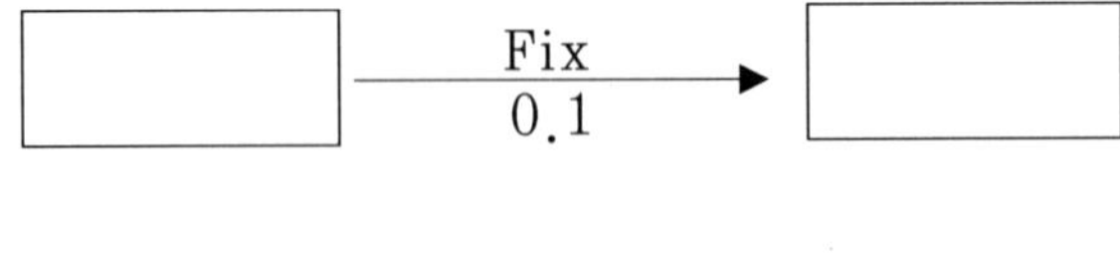

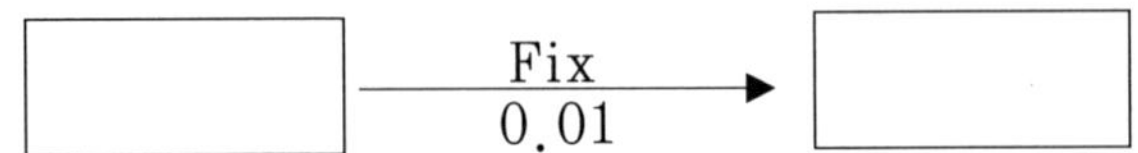

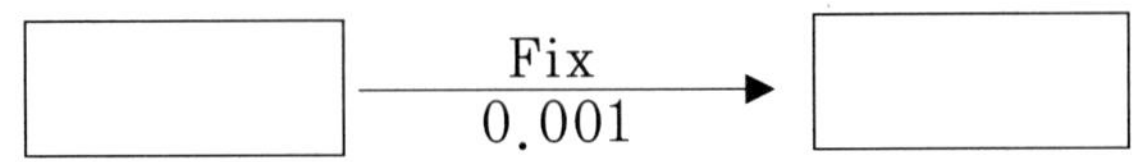

(3) Fix에 대하여 발견한 사실을 짧은 글로 써 보세요.

____

____

어림셈 마라톤

어림셈을 해 봅시다. 그 결과를 친구와 비교해 보세요. 계산기를 이용하여 값을 확인하는 것도 잊지 마세요.

◉ B. I: Ti-15

1. 3.09천 원, 1.89천 원, 0.49천 원, 2.51천 원의 총합은 약 얼마입니까?

2. 상자에 병 600개를 넣어야 합니다. 이 상자에는 병이 24개 들어갑니다. 약 몇 개의 상자가 필요합니까?

3. 하루는 대략 몇 초나 될까요?

4. 백만 원을 사용하고 싶은데 한 시간 동안 50원만을 사용해야 합니다. 백만 원을 모두 사용하는 데 약 얼마의 시간이 걸릴까요?

5. 사람은 하루에 평균 몇 번 웃을까요?

6. 사람은 하루에 평균 몇 번 눈을 깜박거릴까요?

7. 신호등, 표지판, 간판 등의 개수를 세어보세요. 하루에 볼 수 있는 상업 광고는 평균 몇 편이나 될까요?

8. 일 년 동안 사람들은 평균 몇 개의 핫도그를 사 먹을까요?

9. 1983년, 미국에서 자동차를 구입한 사람들의 45%가 여자였습니다. 1983년에 미국에서 퍼스널컴퓨터를 구입한 사람 중 여자는 몇 퍼센트나 될까요?

10. 한국 사람은 500ml짜리 탄산음료를 일 년에 평균 몇 개나 먹을까요?

11. 연필로 긋는 선분은 일 년에 평균 몇 km나 될까요?

12. 2008년도에 스카우트 학생들은 약 몇 명이나 봉사활동에 참여했을까요?

13. 문제를 만들어 보세요.

14. 친구가 만든 어림셈 문제를 해결해 보세요.

놀이마당 5. 징검다리 곱셈 계산

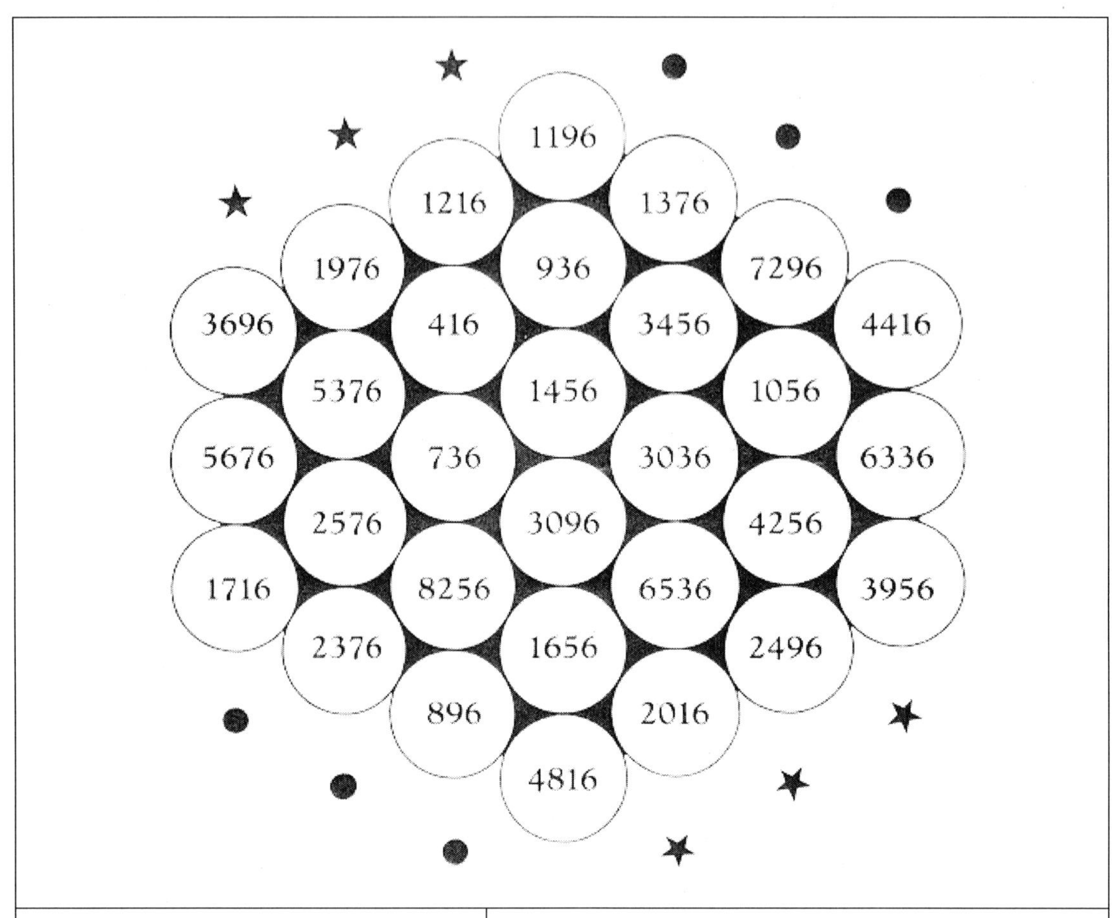

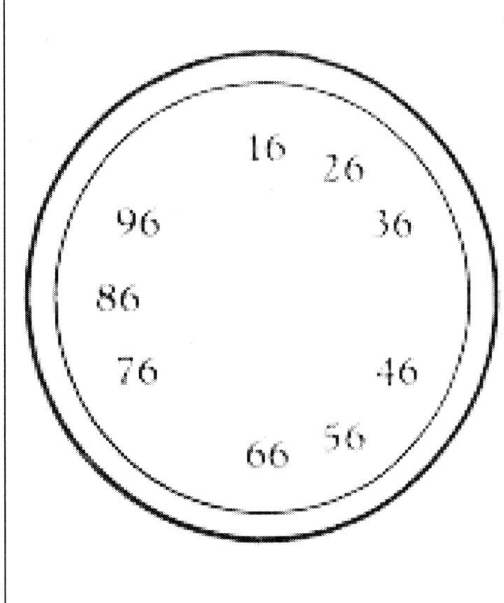

★ 짝과 함께 돌아가며 놀이를 합니다.

★ 큰 원의 임의의 두 수를 선택합니다.

★ 두 수를 더하거나 뺍니다.

★ 답이 놀이판에 있고 아직 색칠되지 않았다면, 내 땅 표시(예를 들면, '★')를 합니다.

★ 첫 번째 놀이자는 '★'표를 선택하고, 두 번째 놀이자는 '●'표를 선택합니다.

★ 놀이에서 이기려면? 나의 표시들이 있는 양쪽을 서로 이어야 합니다.→같은 모양의 표 (★ 또는 ● 표)가 서로 연결되면 놀이에서 이깁니다.

놀이마당 5. 징검다리 곱셈 계산

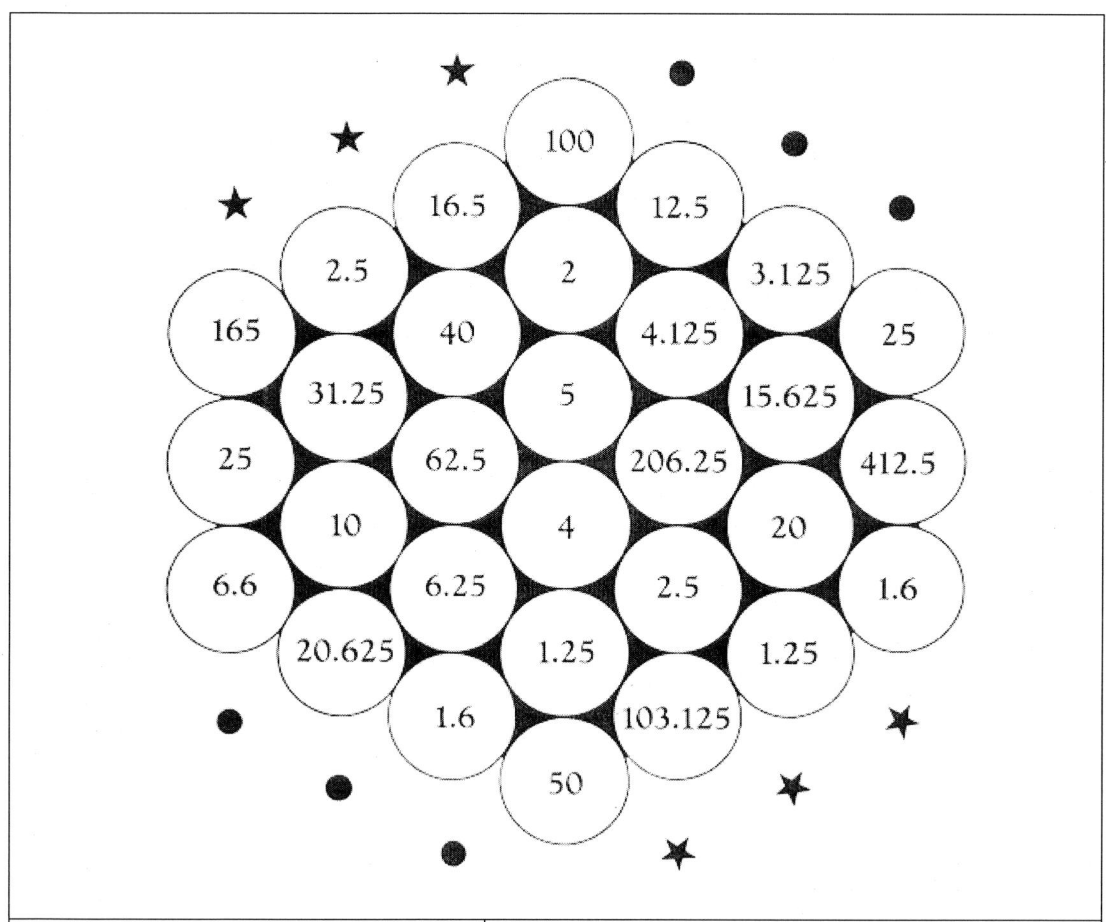

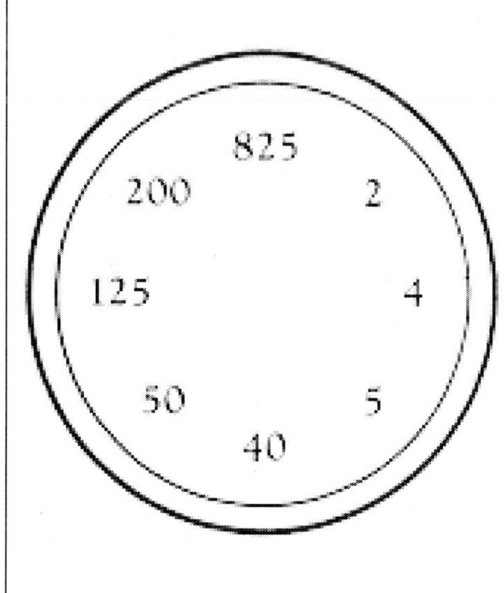

★ 짝과 함께 돌아가며 놀이를 합니다.

★ 큰 원의 임의의 두 수를 선택합니다.

★ 큰 수를 작은 수로 나눕니다.

★ 몫이 놀이판에 있고 아직 색칠되지 않았다면, 내 땅 표시(예를 들면, '★')를 합니다.

★ 첫 번째 놀이자는 '★'표를 선택하고, 두 번째 놀이자는 '●'표를 선택합니다.

★ 놀이에서 이기려면? 나의 표시들이 있는 양쪽을 서로 이어야 합니다.→같은 모양의 표(★ 또는 ● 표)가 서로 연결되면 놀이에서 이깁니다.

충동구매

알뜰시장이 있던 오후.

지연이네 마루에는 온도계가 걸려 있습니다. 어느 날 그 온도계의 눈금이 120°에 다다랐습니다.

'건전지 수명이 다 되었구나.'

라고 생각한 지연이 어머니께서는 알뜰시장으로 달려가서 1팩에 1.80천 원하는 건전지를 80개 샀습니다.

물건 구매를 좋아하는 지연이 어머니께서는 알뜰시장을 그냥 지나칠 수 없는 일이겠죠?

아주머니는 결국 충동구매를 하게 되었는데, 개당 .49천 원짜리인 아름다운 장미 부케 7개와 컴퓨터 디스켓 8개를 구입하였습니다. 물론, 두 상품을 한꺼번에 구입하는 조건으로 13.56천 원을 지불하셨습니다. 아주머니는 그릇과 컴퓨터도 사셨는데 27.55천 원이었습니다.

믿거나 말거나!

모두 얼마를 충동구매 값으로 지불한 것입니까?

여러분, 혹시 물건을 사면서 돈이 모자라지 않은지 걱정해 본 경험이 있나요?

'돈이 모자라면 어떡하지?'

라는 생각을 하면서 카운터 앞에서 가슴을 졸인 경험 말이에요.

갖고 있는 돈을 생각하면서 사려는 물건들의 합계를 어림할 수 있다면 카운터에서 가슴을 졸이는 일은 없겠지요?

지연이 어머니께서 5천 원을 갖고 시장을 가셨다면 어떻게 될까요?

지연이 어머니의 물건 구입값을 함께 생각해 봅시다. 문제를 해결할 때 종이와 연필은 사용하지 않고 계산기를 이용합니다.

수학을 즐기면서 공부한다면 얼마나 재미있을까요? 계산기와 함께 하는 수학공부가 여러분에게 바로 그 즐거움을 줄 것입니다.

자, 지금부터 즐기면서 수학 공부를 함께 해 봅시다.

메모리

흔히 볼 수 있는 일반 계산기는 메모리 키를 갖고 있습니다. 이 키는 큰 계산 값을 임시 저장하는 기능을 합니다.

● 메모리(저장)는 어떤 뜻일까요? 머릿속에는 많은 생각들이 저장되어 있습니다. 머릿속에 저장되어 있던 어떤 생각이 필요할 때 번뜩이는 생각으로 나타난다면, 이것이 바로 **메모리** 입니다.

- **MC**
  메모리 지우기　： 이전에 메모리된 모든 기억을 지우기

- **MR**
  메모리 되살리기　： 메모리된 수를 나열하기

- **M+**
  더하기 메모리　： 계산창에 나열된 수를 메모리된 수에 더하기

- **M−**
  빼기 메모리　： 메모리된 값에서 계산창에 나열된 수를 빼기

계산기마다 서로 다른 이름으로 되어 있으나, 메모리 종류는 모두 다섯 가지입니다. 즉, MCR, M＋, M−, M×, M÷ 친구들과 함께, 이 메모리 기능을 어떻게 사용하면 좋을지 경험해 봅시다.

Ti−15의 메모리 기능을 살펴보세요.
어떤 점이 다른 계산기와 다를까요? 어떤 점이 같은가요?
친구들과 함께 탐험해 보세요.

키

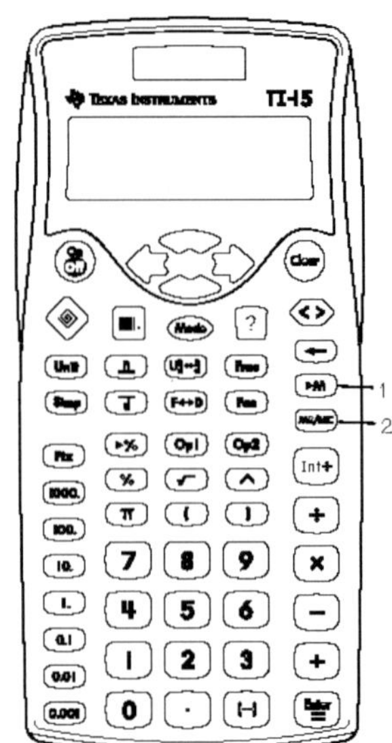

1. ▶M 의 기능은 다음과 같습니다.

   ▶M Enter 메모리에 값을 계속 저장합니다.

   ▶M + 계산창의 값을 메모리에 더합니다.

   ▶M − 메모리 값에서 계산기 창에 제시된 값을 빼기합니다.

   ▶M × 메모리 값에 계산기 창에 제시된 값을 곱합니다.

   ▶M ÷ 메모리 값을 계산기 창에 제시된 값으로 나누기 합니다.

   ▶M Int÷ 계산창에 제시된 값을 이용하여 메모리 값을 정수 나눗셈으로 수행합니다.

2. MR/MC 메모리된 내용을 계산기 창에 제시합니다. 두 번 누르면, 메모리에서 그 값을 지웁니다.

대현이는 영어 읽기 시험에서 96점, 85점을 기록하였습니다. 영어토론점수는 이번 주는 87점, 지난주는 98점을 얻었습니다. 메모리를 이용하여 각각의 평균[2]과 읽기와 토론에 대한 총 평균을 구해 보세요.

다음은 승찬이의 해결방법입니다. 각자의 방법과 비교해 보세요.

[해결방법]

96, +, 85, Enter↵, ÷, 2, Enter↵, M, Enter↵, 87, +, 98, Enter↵, ÷, 2, Enter↵, +, MR / MC, Enter↵, ÷, 2, Enter↵

이번에는 다시 지연이 이야기!

알뜰시장에서 지연이는 1.19천 원짜리 햄버거 2개, 1.25천 원짜리 우유 3잔을 사먹으려고 합니다. 우유 한 잔에 .20천 원을 할인하는 쿠폰을 갖고 있습니다. 쿠폰을 사용하여 모두 얼마를 지불하면 될까요? 계산 막대에 나타내어 보세요.

---

2) 平均(평균)이란? 평균은 영어로 mean, 또는 average입니다. mean은 '중간의'라는 뜻을 갖고 있습니다. average는 3사람이 사과를 2, 3, 4개 갖고 와서 다시 똑같은 개수로 나누어 갖는 것, 즉 똑같이 양을 나누어 가진다는 의미를 갖고 있습니다. 수학에서 평균을 구하려면 (총 개수) ÷ (분배될 사람 수)=(2+3+4) ÷ 3=3과 같은 방법을 이용합니다. 그렇다면 국어 80점, 수학 100점, 사회 90점을 받았다면 평균 몇 점을 받은 것일까요? (답)90점

<table>
<tr><td></td><td></td><td></td><td></td><td></td><td></td><td></td><td></td><td></td></tr>
<tr><td></td><td></td><td></td><td></td><td></td><td></td><td></td><td></td><td></td></tr>
</table>

상수연산과 셈기차

승찬이는 알뜰 시장에서 〈셈기차〉를 발견했습니다. 사용 방법은 〈안내〉와 같습니다. 어떤 비밀이 셈기차에 숨겨져 있는데 그 비밀을 알아내면 셈기차를 그냥 가질 수 있다더군요! 여러분, 함께 그 숨겨진 비밀을 알아볼까요?

안 내

① 셈기차를 지날 때 다음 값이 나오면 멈추기: 5, 15, 25, 75
② 셈기차를 지날 때 다음 값이 나오면 멈추기: 2, 10, 6, 3
③ 각각의 소형기계는 어떤 일을 할까요? 어떤 수를 넣었을 때 기계가 멈출지 알아보세요. 적어도 4번 이상 실험해 보세요.
④ 빈 소형기계는 어떤 일을 할까요?

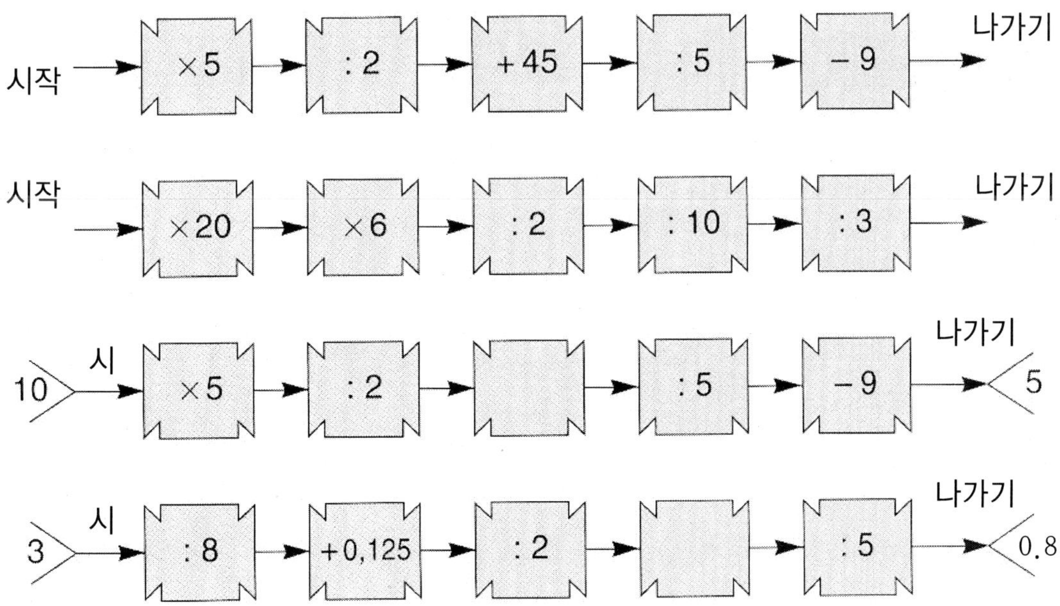

어떤 비밀이 셈기차에 숨겨져 있나요? 왜 그렇게 생각하는지 친구들과 토의해 보세요.

승찬이는 1학년 백합반 코너에서 재미있는 수학책을 발견하였습니다. 수학책을 펼쳐보니 다음과 같은 문제가 눈에 띄었습니다.

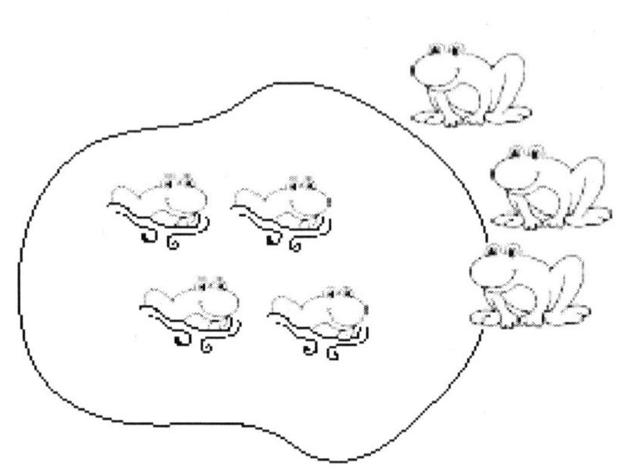

개구리와 연못

연못에 개구리 4마리가 있습니다. 3마리가 연못에 더 들어왔습니다. 단, 한 번에 한 마리씩 들어왔다는 군요. 연못에 모두 몇 마리가 있을까요?

Ti-15계산기를 이용하여 이 문제를 해결해 볼까요? 이 문제를 어떻게 해결할 수 있을까요? 여러분, 함께 생각하여 봅시다.

키

- ⊞, ⊟, ⊠, ⊡, [Int ÷], [⌃]를 사용하는 계산을 실행할 때 [Op1], [Op2]를 함께 설정하여 상수 메모리로 이용할 수 있습니다.

- 상수 기능은 범자연수, 소수, 분수와 함께 사용할 수 있습니다.

- [Op1], [Op2]를 사용할 때, 계산창의 두 번째 줄 왼쪽에 카운터가 나타나며 두 번째 줄에는 총합이 나타납니다. 카운터는 상수를 몇 번이나 반복하여 사용하였는지 보여줍니다. 모두 6 자릿수를 넘으면 카운터는 나타나지 않습니다. 카운터는 99까지 되면 0으로 되돌아갑니다.

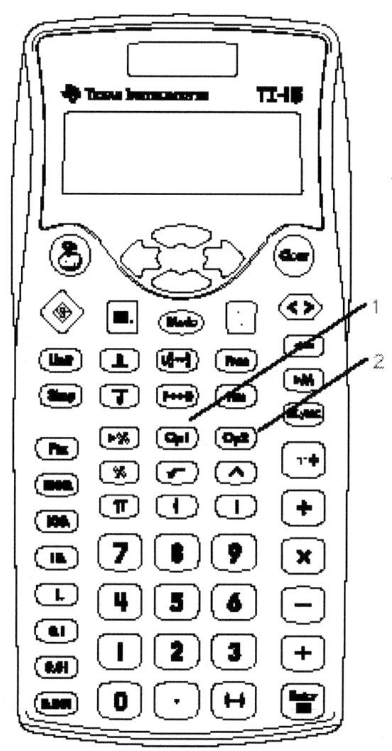

- 상수 기능과 [Int ÷]를 함께 사용할 때, 계산은 값의 몫을 수행하고 나머지는 버립니다.
- 계산기를 리세팅하여 저장된 상수를 지울 수 있습니다. (◉과 ◉를 연속하여 누르기) 또는 (Mode)를 누르고, ▬를 눌러서 CLEAR 메뉴를 스크롤한 후, OP1 또는 OP2를 선택하여 [Enter]를 입력합니다. ◉만을 눌러서 상수 기능이 삭제되지는 않습니다.

다음은 알뜰시장에서 승찬이네 반이 진열한 물건 값입니다. 쿠폰 1개당 현금 값은 100원입니다. 우리 함께 값을 어림하여 볼까요?

승찬이네 반 학생들은 알뜰시장에서 물건을 팔았습니다.

헌옷의 경우 한 벌을 팔고 쿠폰을 5개씩 받았습니다.
승찬이는 짝과 함께 물건을 팔기로 하였습니다. 짝이 도와준 값으로 쿠폰을 2개씩 주기로 하였습니다. 옷을 모두 3벌 팔았다면, 쿠폰을 몇 개나 주어야 할까요?
계산기로 이 문제를 해결하여 선생님께 계산창을 자랑하세요.

　왼쪽은 영선이가 해결한 방법입니다. 어떻게 해결한 것인지 친구들과 논의하여 보세요.

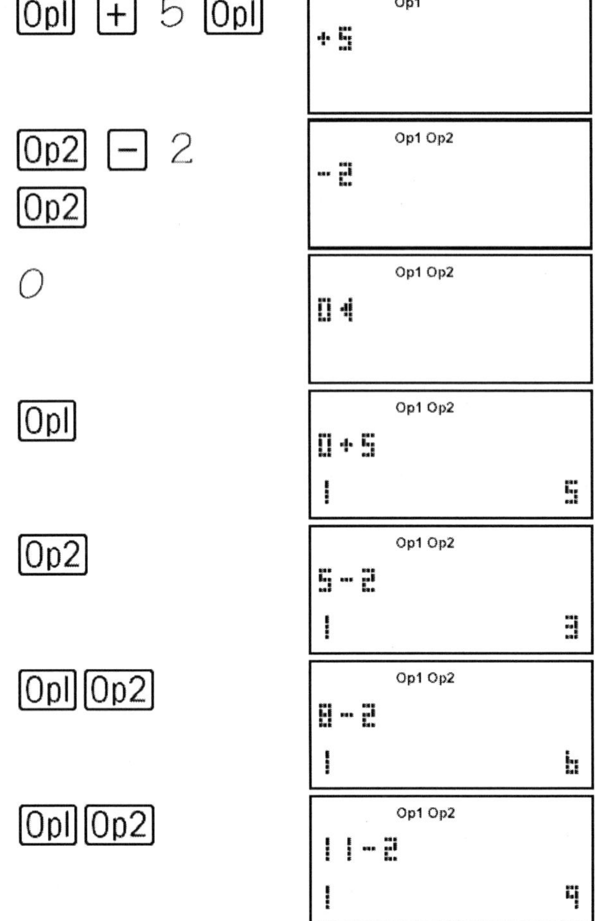

〈개구리와 연못〉 문제를 다시 생각해 봅시다.

어떻게 문제를 해결하면 편리할까요?

　상수연산 기능을 이용하여 해결해 보세요. 어떻게 문제를 해결하였는지 친구들과 비교해 보세요.

도전마당 3. 조사와 계산

1. 계산기는 어떻게 발명된 것일까요? 친구들과 함께 계산기가 발명된 이야기를 조사하여 봅시다.

2. 상수연산을 이용한 예를 생각해 보세요.

3. 상수연산은 어떤 경우에 이용하면 편리할까요? 친구들과 생각을 함께 나누어 봅시다.

4. 영선이는 알뜰 시장에서 색종이를 샀습니다. 색종이를 이용하여 미술 숙제를 하려고 합니다. 그림과 같이 색종이를 배열하였습니다. 한 줄에 5개의 색종이로 모두 4줄을 만들려고 합니다. 덧셈을 반복하여 몇 개의 색종이를 이용해야 하는지 구하시오. 문제를 해결하기 전에 상수 연산이 계산창에 나타나지 않게 설정하세요.

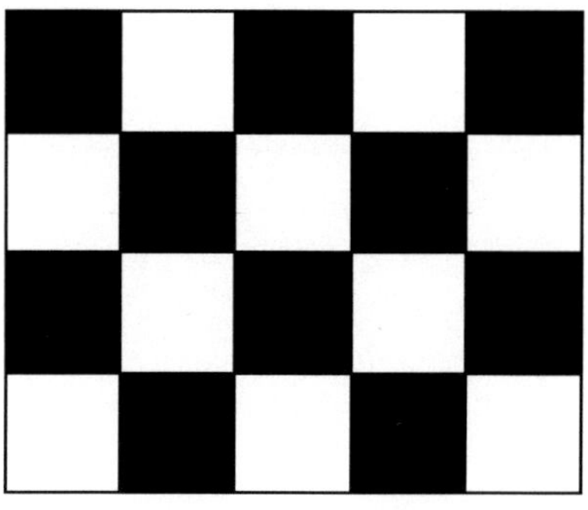

놀이마당 7. 덧셈 놀이

★ 번갈아 놀이를 합니다.

★ 매번 놀이자는 〈더하기 연못〉에서 두 수를 선택합니다.

★ 두 수의 합을 구합니다. 계산기를 이용하여도 좋습니다.

★ 합과 가까운 값을 놀이판에서 찾아 말을 그 수 위에 놓습니다.

★ 한 줄로 네 개를 먼저 갖게 되면 놀이에서 이깁니다.

★ 놀이판의 위의 수는 10의 자리에서 반올림한 값입니다.

	4	7	11	23	31	42
더하기 연못			49		62	70

30	100	40	80	20
80	60	120	70	100
50	110	10	90	50
120	70	130	60	110
20	90	40	130	30

놀이마당 8. 곱셈 놀이

★ 번갈아 놀이를 합니다.
★ 매번 놀이자는 〈약수 연못〉에서 두 수를 선택하여 그 곱을 구합니다. 계산기를 이용하여도 좋습니다.
★ 곱과 가까운 값을 놀이판에서 찾아 말을 그 수 위에 놓습니다.
★ 수평, 수직, 또는 대각선이 되게 한 줄로 말을 네 개 먼저 얹어 놓으면 놀이에서 이깁니다.

약수 연못	3 23	31 17	47 59	16	18 13

140	1460	180	940	390	1830
370	850	1080	210	50	1060
750	70	270	410	30	220
710	300	500	90	310	40
290	560	50	800	1360	770
50	610	1000	2770	230	400

도전마당 4. 광고 전단을 보고 쇼핑을 해볼까?

물건을 사러 가기 전에 미리 계획을 세운다면 알뜰한 장보기를 할 수 있겠지요?

오늘은 승찬이와 엄마가 장보는 날.

승찬이와 엄마는 시장을 알뜰하게 보기 위해서 먼저 신문 광고지를 살펴보기로 하였어요. 어떤 물건을 구입하면 좋을까요? 오늘 구입할 수 있는 금액은 100,000원입니다.

어떤 물건이 할인되는지 전단지를 꼼꼼히 살펴보면 찾아낼 수 있답니다.

쇼핑을 함께 시작해볼까요? 물건을 모두 사려면 얼마가 필요할지 계산기로 값을 구해 보세요.

어림을 하면서 장을 본다면 알뜰한 장보기를 할 수 있겠지요?

[프로젝트 1]

[방법]

① 광고전단지에서 물건과 그 가격을 5가지 고르세요.

② 이곳에 함께 오려 붙입니다.

③ [Fix][1000.]키를 이용하여 총액을 어림해 보세요.

④ 할인율도 생각해야겠죠.

⑤ 계산기의 또 어떤 기능을 생각해야 할까요?

[프로젝트 2]

장보기가 끝났나요? 어떻게 구입 총액을 계산하였는지 계산 막대로 나타내어 보세요.

총 구입액은: ________________________ 원

놀이마당 9. 잃어버린 규칙을 찾아라

어떤 수를 넣으면 꼭 하나의 값만 뱉어내는 아주 신기한 기계가 있습니다. 그 기계는 특별한 수학규칙에 따라 작동됩니다. 어떤 규칙일까요?

예를 들어, 수학규칙이 "곱하기 4"일 때 3을 넣으면 답은 12가 됩니다. 10에 대한 답은? 네, 40입니다.

규칙이 좀 더 복잡하게 되면 어떻게 될까요? 2배를 하여 5를 더하기 또는 6을 빼고 10으로 나누기.

이 기계가 어떻게 작동하는지 알아낸다면, 고등학교에서 배울 미적분과 같은 어려운 수학을 이해하는데 도움이 될 것입니다.

이 묘한 기계를 이용하여 놀이를 해볼까요?

☐ 짝에게 이 놀이를 설명하기 전에 먼저 계산기에 기능을 입력해 둡니다. +3과 같이 쉬운 규칙이 좋겠군요. 이 규칙을 입력하려면, ⊞③⊟을 입력합니다. 규칙을 숨기기 위해서 다른 수를 입력하고 예를 들면 ⑤를 입력하고 다시 ⊟을 입력합니다. 계산기 창에 8이 나타나게 됩니다. 다른 수를 몇 가지 더 입력하고 첫 번째로 입력한 수를 기억한 후 ⊟을 입력합니다.

☐ 숫자를 어떻게 숨기는지 기억할 수 있다면 다음과 같은 이야기를 짝에게 들려줍니다.

지루하게 추웠던 어느 겨울날, 옆집 아주머니는 찬장에서 아이들이 놀 수 있는 놀이를 찾다가 낡은 계산기를 하나 발견하였습니다.
"글쎄 이 계산기가 제대로 작동할지 모르겠네. 자, 여기 내 오랜 장난감이 있구나. 규칙을 잃어버려서 갖고 놀던 것을 그만 두었었지. 사실 이 계산기에 수천 개의 규칙이 있지만 말이야. 몇 개 찾아보련?"
모두들 옆집 아주머니의 말씀에 귀가 솔깃했습니다. 각자 돌아가면서 하나의 숫자를 선택하였습니다. 숫자를 입력하고 등호를 입력하고 계산기 창에 나타난 숫자를 종이에 써 내려갔습니다.
첫 번째로 아이들이 추측한 수는 다음과 같습니다. 옆집 아주머니의 신기하고도 낡은 계산기 창에 나타난 단서가 되는 수 말이에요.

입력한 수	계산기 창에 나타난 단서
5	10
10	20
3	6
8	16
2	4

바로 그때, 사람들 모두 그 규칙을 알게 되었지요. 그래서 "2를 곱하기"라고 추측했어요. 어떤 사람들은 "두 배하기"라고 말하기도 했죠. 그러자 친구 중 한 사람이 말하기를, "'2를 곱하기'와 '두 배하기'는 표현은 다르지만, 모두 같은 뜻이야."라고 말하였어요. 네. 그렇습니다.
어린이들과 옆집 아주머니는 모든 수를 확인해보고 "2배하기"라는 규칙이 매번 적용된다는 것을 알게 되었어요.
옆집 아주머니는 다른 방법으로 확인을 해 보았지요. 규칙을 거꾸로 생각하는 방법입니다. 즉, 덧셈 또는 뺄셈 또는 곱셈이나 나눗셈 중에 한 가지를 포함하고 있다면 답이 0이 되는지 확인해 보는 거죠. 이러한 방법으로 모든 수를 확인해 보았고 역시 잘 작동했다는 이야기입니다.

☐ 이야기를 짝에게 들려주고, 계산기에 규칙이 숨겨져 있다고 이야기 합니다. 어떤 규칙이 있는지 구해보세요?

☐ 각각의 규칙에는 꼭 하나의 연산만 숨겨져 있어야 합니다.

☐ 각자 한 가지씩 추측을 하면, 수를 입력하고 ▣을 입력한 후 추측한 값을 기록하여 결과 값을 확인합니다.

☐ 규칙을 알고 있다면 숫자를 입력하고 결과가 어떻게 될지 이야기합니다. 각자 10번의 시도를 해보고 규칙을 찾으세요.

☐ 간단한 규칙을 이용하여 규칙찾기를 쉽게 조작해보세요. 예를 들어 +2 또는 ×와 같은 규칙이 좋겠군요.

☐ 친구들이 알아냈다면 계산기에 규칙을 어떻게 숨겼는지 이야기 합니다. 역할을 바꾸어 해 보세요.

☐ 어떻게 어려운 규칙을 추측하였는지 이야기해 보세요.

잃어버린 수를 찾아라

수의 관계들을 거꾸로 생각해본 경험이 있나요?

모든 수들에 대하여 첫 번째 수를 곱하였을 때 값이 1이 되는 다른 수가 꼭 있기 마련이지요. 이러한 수를 곱셈에 대한 역(multiplicative inverse) 또는 역수(reciprocal)라고 합니다.

예를 들어, 9에 대하여 수 $\frac{1}{9}$은 $9 \times \frac{1}{9} = 1$이기 때문에, 역수가 됩니다.

또 다른 수도 있어요. 첫 번째 수에 더하여 값을 0이 되게 하는 수도 있지요. 이 수를 덧셈에 대한 역이라고 읽어요.

예를 들어 9에 대하여 수 -9는 9의 음수로서 $9 + (-9) = 0$이기 때문에 9의 덧셈에 대한 역이 됩니다.

이 놀이는 곱셈에 대한 역을 이용한 놀이예요.

$$9 \times \frac{1}{9} = 9 \div 9 = 1$$

어떤 수를 다른 수로 나눌 수 있게 계산기에 입력하고 그 어떤 수로 나누면, 값은 1이 됩니다.

☐ 계산기를 초기화 합니다. 여러 숫자로 연습을 해 보세요. 계산기가 어떻게 작동하는지 알아둡니다. 대부분의 계산기는 상수 나눗셈으로 ÷키를 누르고 어떤 수를 입력한 다음 =를 입력하면 됩니다.

예를 들어, ÷782=는 대부분 어떤 수를 782로 나누게 합니다.

☐ 보안을 유지하고 싶을 때, 계산기에 어떤 수를 "숨기기"하고 짝에게 다음 이야기를 들려줍니다.

어느 날, 옆집 아주머니는 이웃 아이들을 함께 불러 모아서 계산기에 입력된 비밀 수를 방금 발견하였다고 이야기하였습니다. 그러나 아이들의 도움이 약간 필요하다는군요. 다음 설명을 아이들에게 들려주었습니다.

☐ 3자리 수를 입력하시오.

☐ =를 입력하시오.

☐ 답을 쓰시오. 이것이 단서입니다.

☐ 다시 3 자릿수를 입력하고 =를 입력하여 단서를 모으시오.

☐ 1이라는 값을 얻는 세 자릿수가 바로 잊어버린 수입니다!

10번을 시도하여 첫 번째 잊어버린 수를 찾았어요. 이 계산기에 숨겨진 잊어버린 수를 구하는 데 몇 번이나 시도를 해야 할까요?

☐ 추측을 하기 위해서 추측한 목록과 결과 값을 써 보세요. 다음은 782를 숨겨놓고 진행한 놀이 예입니다.

추측한 수	계산기 창에 나타난 단서
123	0.157289
100	0.1278772
999	1.2774936
888	1.1355498
777	0.9936061
788	1.0076726
780	0.997424
785	1.0038363
783	1.0012787
782	1.

☐ 첫 번째 놀이 후, 숨겨진 수를 구하도록 어떤 단서를 이용하였는지 친구들과 의논해 보세요. 몇 번 놀이를 하고 나서 어떻게 숫자를 숨겼고 어떻게 구하였는지 토론해 보세요. 가능한 최소의 노력으로 단서를 구할 수 있도록 토론을 해보세요.

가짜 독과점

☐ 주사위를 두 개 굴립니다.

☐ 두 주사위의 눈으로 두 자릿수를 만듭니다. 이것은 여러분이 획득한 상금(기본단위:
천 원)입니다. 예를 들어 2와 4를 얻었다면 24천 원 또는 42천 원을 얻은 셈입니다.

☐ 반드시 세금을 내야 한다는 점, 꼭 기억하세요!!!

세금표

11-26천 원이면 여러분의 상금액의 15%	
31-46천 원이면	25%
51-66천 원이면	35%

주의: 백분율을 계산하려면, 소수로 환산하여 계산합니다. 예를 들어 15%는 .15입니
다. 그런 다음 여러분의 상금에 그 소수를 곱합니다.

☐ 세금을 계산하고 여러분의 상금에서 뺍니다.
☐ 연산 후에 반올림을 합니다.
☐ 천 원과 백 원은 백 원 단위에서 반올림합니다.
☐ 5백 원은 1천으로 계산합니다.

첫 번째 시도

25천 원	15% 세율로 세금은 3.75천
−4천 원	원이고 반올림하면 4천 원
21천 원	

☐ 예를 들어, 21.32천 원은 21천 원, 24.85천 원은 25천 원 그리고 28.50천 원은 29
천 원.

☐ 여러분의 계산서를 살펴보세요. 매 항목의 기록을 관찰합니다.

소 수

☐ 첫 번째 놀이가 끝난 후, 돈이 충분하다면 소수를 구입할 수 있습니다. 구입할 수 있는 소수는 2, 3, 5, 7, 또는 11입니다.

☐ 소수의 가격은 그 수의 역수에 500천 원을 곱해야 합니다. 예를 들어 7의 비용은 $\frac{1}{7} \times$ 500천 원 또는 71.43천 원이어서 반올림하여 71천 원이 됩니다.

> 5의 역수는 $\frac{1}{5}$ 이고, 36의 역수는 $\frac{1}{36}$ 입니다.

☐ 짝이 갖고 있는 소수를 나눌 수 있는 어떤 수를 선택하였다면 세금을 낸 후에 다시 50%를 절감할 수 있습니다.

> 나눌 수 있다는 것은 그 수가 나머지가 없게 공평하게 나누어떨어진다는 뜻입니다.

☐ 지불할 때, 소수를 다시 팔 수도 있고, 그 가격은 갖고 있는 액수에서 10%를 깎아서 팔아야 합니다.

보너스

☐ 20보다 큰 소수를 얻었다면, 세금을 내기 전에 20% 할인 혜택을 받을 수 있습니다.
☐ 그러나 새로운 수는 세금을 꼭 내야 합니다. 예를 들어, 수 31에 대하여 6천 원을 보너스로 받을 수 있고 따라서 37천 원이 됩니다. 세금은 37천 원 또는 9천 원 25%가 됩니다.

> **두 번째 굴리기**
>
> | | |
> |---|---|
> | 31 천 원 | 20% 소수 보너스 6.20천 원 |
> | ＋6 보너스 | 6천 원 계산하기 |
> | 37 천 원 | |
> | －9 세금 | 세금 25%로 구한 9.25천원을 안올림하여 9천 원 |
> | 28 천 원 | |

우 승

□ 놀이에 참여한 사람들이 모두 자신의 소수를 팔았을 때 놀이는 끝나고, 가장 많은 돈
을 갖고 있는 사람이 우승을 합니다.

기록하기

□ 놀이에 참여한 친구들은 제각각 자신의 영수증에 대하여 짧은 기록을 합니다.
□ 순서가 넘어가기 전에 영수증을 검산하고 어떤 실수를 발견하여 고친 사람은 10천 원
의 요금을 받습니다.
□ 다음과 같이 기록합니다.

첫 번째 굴리기

 25 천 원   3.75천 원에 15% 세금 계산하여 4천 원
 −4 세 금
 21 천 원

두 번째 굴리기

 31 천 원   6.20천 원의 소수 보너스로 20%
 +6 보너스   6천 원 계산하기
 37 천 원
 −9 세 금   25% 계산한 9천 원
 28 천 원
 총 요 금: 49천 원＝21천 원＋28천 원

그 밖에

□ 간단한 방법이나 또는 계산기의 백분율 키를 이용해 보세요.

□ 20% 보너스를 위하여, $35+(35 \times .2)$는 1.2×35입니다.
15% 세금을 위하여, $35-(.15 \times 35)$는 $.85 \times 35$입니다.
어떤 25% 세금을 위하여 간단한 방법은? 35% 세금일 때는?

☐ 백분율 키를 이용하여도 좋습니다. 예를 들어 35의 20%를 누르면

$$3 \quad 5 \quad \times \quad 2 \quad 0 \quad \% \quad (\quad = \quad 없이)$$

35의 대하여 35+20%를 입력하면,

$$3 \quad 5 \quad + \quad 2 \quad 0 \quad \%$$

35의 35-20%에 대하여 입력하면,

$$3 \quad 5 \quad - \quad 2 \quad 0 \quad \%$$

지금까지 여러분은 선생님과 함께 우리 주위에서 흔히 볼 수 있는 계산기를 수학에 이용하는 방법을 배웠습니다.

엉뚱 소년 영훈: 언제 계산기를 사용할까?

영훈이의 궁금증을 친구들은 이렇게 대답합니다.

민경: 돈의 총액을 구할 때 계산기를 사용하면 쉽잖아!
승찬: 값이 큰 수를 계산할 때 이용하면 편리하지!
영훈: 어떻게 말이야?
승찬: 16000×18000과 같이 어려운 수를 계산할 때!

엉뚱 소년 영훈에게 어떤 이야기를 들려주면 좋을까요?

계산기를 이용하는 우리의 품격을 높여봅시다.

지금까지 배운 계산기의 기능을 총동원하여 마치 어느 기업의 기획자처럼, 또는 학교의 교육행정가처럼 활동해 봅시다.

식단과 장보기

우리의 영재소년 영호, 별명은 뚱보! 아무리 다이어트를 해보아도 무엇이 문제인지 좀처럼 살이 빠지지도 않고, 무작정 굶자니 배는 고프고, 그렇다고 먹는 양을 줄이자니, 먹는 양이 영호보다 많은 신호 형은 날씬하기만 하고. 정말 고민이죠!

영재원에서 친구들이 뚱보라고 놀릴 때마다 정말 속상해요. 좋아하는 신재에게 잘 보이고 싶은데…….

어느 날, 영재원에서 계산기 수업을 마친 영호는 프로젝트를 <식단과 장보기>로 결정하였습니다.

영양가 저렴한 다이어트식단으로 구성하여 이번 가을까지 날씬한 몸을 만들기로 하였답니다. 과연 영호는 〈식단과 장보기〉프로젝트를 통하여 어떤 것을 발견하게 될까요?

〈식단과 장보기〉에서 계산기는 어떤 역할을 할까요?

영호는 프로젝트 결과 알게 된 점을 수학적으로 간결하게, 명확하게, 그리고 이해하기 쉽게 나타내고 싶습니다. 과연 계산기는 어떤 도움을 줄까요?

우리 함께 계산기를 이용하여 영호의 프로젝트 탐험에 동참해 봅시다.

자, 그럼 출발.

학교 급식으로 다이어트 해요!

영국 내 학교 급식에 대한 정부의 새로운 지침이 아이들의 비만율을 낮추고 식습관을 향상시키는 효과를 보이고 있다고 전문가들이 말했다.

영국 정부는 염분과 지방을 많이 함유한 식품을 학교 급식으로 금지하고 예산을 투자하여 학생들에게 최소한 두 가지 이상의 과일과 야채를 매 끼니마다 제공하고, 튀긴 음식 같이 지방을 많이 함유한 음식은 주 당 두 번 이하로 엄격하게 제한했다.

주방장인 베인스(Baines)씨는 "튀긴 음식을 간혹 먹어야 하는 이유는 영양소의 균형을 맞추고 입맛을 돋우는 역할을 하기 때문이다"고 말했다.

전문가들은 이러한 정부의 지침이 학생들의 다이어트에 매우 도움이 된다고 긍정적인 평가를 내렸다.

영국 다이어트 협회의 회원이자 학교 급식 감독관인 캐롤 웨이어(Carol Weir)는 "그들이 선호하는 대부분의 식품들은 건강에 해로운 식품이다. 우리는 학생들이 건강에 좋은 많은 음식들을 즐기게 하고 싶다"라고 말했다.

캐롤은 또한, "비만 인구의 증가와 비만과 관련된 질병으로 고통을 받고 있는 사람들이 최근 증가함에 따라 건강을 증진시키기 위한 식습관은 매우 중요하다"고 말했다.

또한 "영국 성인 인구의 60%가 비만이라는 것은 주목할 만한 사실이다. 이러한 사실로 미루어보아, 우리의 아이들 또한 비만의 위험에 노출되어 있다는 것은 당연한 사실이다. 학교 급식의 모범으로, 가정에서 또한 식습관을 조절할 수 있도록 해야 한다"고 덧붙였다.

작년에 정부는 학교 급식 개선을 위해 280파운드(한화 약 5조원)의 예산을 들이겠다고 발표했고 성공적인 성과를 보이고 있다.

우리나라 또한 건강에 대한 적신호로 인해 웰빙(well-being)열풍으로 요가, 헬스, 식생활 등에 많은 관심을 보이고 있다. 어릴 때부터 올바른 식습관을 가지는 것이 중요한 만큼 영국의 이러한 실질적인 노력은 우리에게 시사하는 바가 크다[조선일보 2006-06-17 09 : 47].

어느 날, 신문을 검색하던 영호는 자신의 다이어트를 위해서 식단을 조사했습니다.

여러분도 영호처럼 일주일 동안 식단을 조사해 보세요. 어떤 점을 알 수 있나요?

프로젝트

사람에 따라서는 살이 찔까 봐, 혹은 살이 빠질까 봐 걱정을 하기도 하죠. 때문에 요즘 사람들은 칼로리(열량)[3] 소비에 관심을 많이 갖고 있습니다. 어떤 이들은 자신들이 먹은 만큼 간단한 달리기를 하기도 합니다.

이 프로젝트는 여러분이 일주일(7일) 동안 소비하는 칼로리 수를 기록하는 것입니다.

나는 하루에 얼마의 칼로리를 섭취할까요?
칼로리가 가장 많은 음식들은 어떤 음식들일까요?
나는 주로 어떤 음식들을 섭취하기 좋아할까요?

일주일 동안 내가 섭취한 칼로리를 살펴보고 알게 된 점을 친구들과 의논하여 보세요.

전 략

1. 표를 이용하여 매일 섭취한 칼로리를 기록하세요.
2. 활동과 시간을 가능한 정확하게 기록하세요. 어떤 경우에 칼로리를 어림해야 하기도 하지만, 가능한 정확하게 기록할수록 여러분의 최종 합계는 여러분이 섭취한 것에 가까워집니다.

주의할 점

* 매일 먹는 각각의 식사에 함유된 칼로리 수를 기록합니다.
* 오랜 시간이 흐른 뒤에 기록하면 잊을 수 있으므로 가능하다면, 식사 바로 후에 칼로리를 적습니다. 식사에서 여러분의 기록을 지킬 수 없다면 메모를 간단하게 해 둡니다.
* 물은 칼로리가 없습니다.
* 인스턴트 음식들에 표시된 칼로리를 살펴보세요. 포장상자, 캔류, 병 등에 칼로리가 표시되어 있습니다. 주의할 점은 패키지로 포장된 것은 여러 개가 함께 들어 있다는 점입니다. 실제 먹는 양만큼 곱해야 하죠.
* 버터, 샐러드 드레싱, 마요네즈와 같은 것도 포함된 함량을 확인합니다. 토스트에 버터

---

3) 기호 cal. 1 atm에서 순수한 물 1g을 14.5℃에서 15.5℃까지 1℃ 올리는 데 필요한 열량을 말합니다. 이것을 15° 칼로리라 하고, 기호로는 cal15로 나타내며, 임의의 온도 t℃에서의 기호는 calt입니다. 국제도량형위원회는 1 cal＝4.186J(줄)이라 정하고 줄을 쓰도록 권장합니다. 또 평균칼로리는 0℃의 순수한 물 1g을 100℃까지 올리는 데 필요한 열량의 1／100입니다. 영양학에서 말하는 칼로리는 이 평균칼로리의 1000배를 가리키는 경우도 있으며 이것을 대(大)칼로리(기호 Cal) 또는 킬로칼로리(기호 kcal)라 합니다. 이 밖에 0°칼로리, 20°칼로리, 국제증기표회의(國際蒸氣表會議)가 1956년 채택한 IT칼로리(기호 calit), 열화학칼로리(기호 calth) 등이 있습니다.

를 바르면, 그 버터의 함량도 칼로리에 함께 넣습니다.

* 음식점에서 외식을 했다면? 주문한 음식의 칼로리를 서빙하는 전원에게 정중하게 물어 보는 것도 좋은 방법입니다. 어떤 음식점은 판매하는 음식의 칼로리를 제공하기도 합니다. 그렇지 않다면, 먹은 음식을 간단히 기록한 후 칼로리를 적어 놓은 책에서 찾아 봅시다.

* 매일 칼로리를 기록하고, 일주일 동안 섭취한 칼로리의 평균을 구합니다.

* 다음 칼로리 권장량과 각자의 평균 소비 칼로리양을 비교해 보세요.
  − 여자, 나이 11−14 2,000 칼로리 / 일
  − 여자, 나이 15−18, 2,100 칼로리 / 일
  − 남자, 나이 11−14, 2,700 칼로리 / 일
  − 남자, 나이 15−18, 2,800 칼로리 / 일

* 보고서를 요약하면서 여러분이 알게 된 점들을 토론해 보세요. 내 몸에 필요한 것을 자세히 기록하면서 보고서를 마무리합니다.

제출물

섭취한 칼로리표, 요약 보고서

하루 섭취 칼로리표

제   일   2007년   월   일

	음식종류	# 칼로리 = 접대량 × 열량		
	[예]쌀밥	325	1그릇	325
아침				
	총 열량 =			
점심				
	총 열량 =			
저녁				
	총 열량 =			
스낵				
	총 열량 =			
	하루 총 열량 =			

영호는 신재, 민욱, 경수, 지상이와 함께 급식 프로젝트를 실행하기로 하였습니다.
다음은 신재가 조사한 열량표(Kcal)입니다.

종 류	음식류	Kcal	종 류	음식류	Kcal
밥 류	쌀밥	325	볶음류	미역줄기볶음	75
1그릇	오나두콩밥	325	1접시	멸치볶음	100
	보리밥	350		마른새우볶음	125
	강낭콩밥	350		소시지야채볶음	175
	오곡밥	373		떡볶이	225
	검정콩밥	375		제육볶음	225
국 류	근대된장국	50	나물류	미나리	25
1대접	콩나물국	50	1접시	숙주나물	25
	미역냉국	50		콩나물	50
	두부새우젓국	50		취나물	50
	조갯국	50		시금치나물	50
	쇠고기무국	75		고사리나물	50
	쇠고기우거지국	75		호박나물	50
	선짓국	75		도라지나물	100
	쇠고기미역국	100			
			차	녹차	0
찌개류	두부된장찌개	400	1잔	커피(블랙)	20
밥 포함	김치찌개	425		홍차	20
1인분	동태찌개	450		인삼차	25
	순두부찌개	500		커피(설탕)	25

내가 하루 동안 섭취한 칼로리 중 열량이 가장 많은 것은 음식은? 일주일 동안 가장 많은 열량을 섭취한 날은 언제인가요?

여러 날의 열량 섭취를 쉽게 비교하려면 어떤 방법이 좋을까요?

친구들과 조사한 내용을 비교하면서 의논해 보세요.

열량소비와 신체활동

신체 활동을 하면 칼로리를 소비하게 됩니다.
여러분의 1일 소비열량은 몇입니까?

이 프로젝트를 통해 여러분은 하루에 자신이 소비하는 열량의 양을 알게 될 것입니다.

일주일 동안 여러분의 활기찬 활동을 기대합니다. 매 시간 활동을 확인해보세요. 몸무게는 소비하는 열량과 어떤 관계가 있을까요? 여러분이 특정 활동으로 사용한 총 열량을 계산해 보세요. 매일 여러분 자신이 소비하는 총 열량을 알아보세요.

다음은 여러 가지 활동과 그 활동에 따라 몸무게의 매 파운드(약 0.453kg)당 한 시간에 소비하는 열량을 측정한 것입니다. 다음 공식을 이용하여 여러분이 소비하는 열량을 어림할 수 있습니다.

여러분의 몸무게 × 매 시간당 매 파운드에 따른 Cal × 시간 = 총 열량

나의 몸무게가 120파운드라고 해보세요. 한 시간 반 동안 어머니께서 잔디를 깎는다고 생각해 봅시다. 그러면, 여러분은 다음과 같이 총 열량을 구해야 합니다.

$$120 \times 2.7 \times 1.5,$$

총 열량은 486Cal가 됩니다. 한 시간 반 동안 잔디를 깎는 것은 햄버거와 감자튀김을 저녁에 먹는 것과 비슷합니다.

주의: 각 활동 다음에 쓰인 수는 그 활동으로 1파운드당 한 시간에 소비하는 열량입니다 (한 시간에 1파운드당 소비하는 Cal).

가능한 전략:
1. 매일 수행하는 활동을 표로 정리합니다.
2. 활동과 시간을 가능한 정확하게 기록합니다.

주의할 점:

1. 아침에 일어나서 자기 전까지 모든 활동을 기록해 보세요. 취침시간도 기록합니다.

2. 각 활동마다 활동한 시간을 기록합니다. 시간은 한 시간을 기준으로 하여 소수로 환산합니다. 예를 들어, 반시간은 0.5, 15분은 0.25 또는 15 / 60으로 기록합니다.

3. 활동 당시 했던 일들을 기록하세요. 활동 당시, 기록이 어려울 때는 하루를 반성하고 표로 정리하면서 기록합니다. 매 활동을 기록하는 활동은 매우 중요합니다.

4. [하루활동표]의 데이터를 이용하여 열량 소비에 대한 값을 구해 보세요. 도서실에서 참고문헌을 찾아서 활동에 대한 열량을 구합니다. 그런 다음 활동의 소비열량을 어림합니다.

5. 활동을 하는 동안 열량을 어림해야 한다면, 비슷한 활동을 선택하여 그것에 근거를 두고 어림합니다.

6. [하루활동표]의 데이터에 대한 공식을 이용하려면 여러분 각자의 몸무게를 알고 있어야 합니다. 정확한 몸무게를 알 수 없거나 체중계를 구하지 못할 때는 어림으로 구합니다.

7. 매일 모든 활동을 하면서 소비하는 열량을 모두 더합니다.

8. 값을 분석하여 다음 질문을 함께 생각해 보세요.
   - 그 주에 또는 일주일 동안 좀 더 많은 활동이 필요한가요?
   - 어떤 활동에 대부분의 열량을 소비하나요? 가장 적은 것은?
   - 평균 열량 소비가 일 년 동안 같다고 생각합니까? 왜 그런가요? 또는 왜 그렇지 않은가요?
   - 어떤 점에서 결과가 의외일까요? 설명해보세요.

9. 여러분이 알게 된 점을 간단한 보고서로 작성해 보세요. 명확하게 작성하고, 첫 시작 부분은 간결하게 작성하고 끝부분에는 여러분의 몸을 지탱하는 것에 대하여 상세히 설명합니다.

배드민턴 - 2.7	타자치기 - 0.8
야구 - 2.9	눕기 - 0.6
농구 - 4.5	잔디깎기 - 2.7
권투 - 4.5	행진 - 3.9
카누 - 1.2	드럼연주 - 1.8
카드섹션 - 0.7	플루트연주 - 1.0
나무벌목 - 2.3	피아노연주 - 1.1
집청소 - 1.6	트럼펫연주 - 0.9
요리 - 1.3	바이올린 - 1.3
자전거타기 - 2.5	라켓볼 - 4.0
볼룸댄스 - 1.6	잔디긁기 - 2.3
락댄스 - 2.8	노젓기 - 3.1
식사 - 0.8	삽으로 눈치우기 - 3.9
낚시 - 1.7	앉기 - 0.6
글쓰기 - 0.8	스케이트 - 2.8
정원관리 - 2.1	크로스 스키타기 - 3.7
골프(걷기) - 2.3	스키타기 - 2.5
체련 - 3.7	잠자기 - 0.4
산책 - 3.6	축구 - 3.7
승마 - 2.7	수영 - 3.8
달리기 - 4.2	테니스 - 2.5
유도 - 4.3	걷기 - 2.2
줄타기 - 3.8	헬스 - 1.9

하루 활동표

제   일   날 짜

시작 시각	종료 시각	시 간	활 동	1 파운드당 한 시간 소비Cal	몸무게	총 열량 (Cal)
하루 소비 총 열량						

민욱이는 일주일 소모 칼로리를 알아보기 위해서 탐구과정을 다음과 같이 정하였습니다.

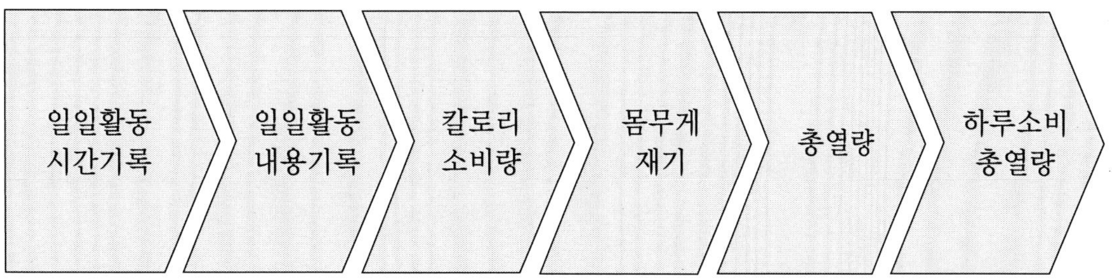

친구들은 일주일 동안 자신들의 활동 시간, 활동 내용, 칼로리 소비량을 재었습니다.

경수의 하루

경수는 탐구 결과를 다음과 같이 정리하였습니다.

〈제 1 일〉
- 수　면: 00 : 00 ~ 7 : 30 3.5 x 130 x 0.4 = 182
- 걷　기: 7 : 50 ~ 8 : 10 1 / 3 x 130 x 2.2 = 95.3
- 앉　기: 9 : 00 ~ 9 : 40,
　　　　　9 : 50 ~ 10 : 30,
　　　　　10 : 40 ~ 11 : 20,
　　　　　11 : 30 ~ 12 : 00,
　2.5x130x0.6 = 195
- 걷　기: 12 : 15 ~ 12 : 30, 8 : 40 ~ 9 : 00 2.2x130x2.2 = 629.2
- 태권도: 9 : 00 ~ 10 : 15 1.25x130x3.6 = 585

합　계: 182 + 95.3 + 195 + 629.2 + 585 = 1686.5

경수

신재의 하루

신재는 하루 소비 칼로리를 다음과 같이 나타내었습니다.

	소비1	소비2	소비3	소비4	기타
월	앉기, 748.8	걷기, 211	잠자기, 307	식사, 92.16	112
화					

그런 다음 계산기를 이용하여 일주일의 총 섭취량과 총 소비량을 비교해 표로 정리하였습니다.

소비와 섭취 요일	소 비	섭 취	차 이
월	1470.16	1271	
화	1341.76	1405	
수	1231.56	1490	
목	1422.36	1333	
금	1512.16	1302	
토	1474.36	2356	
일	1685.2	1671	
합 계	10,137.56	10828	691

지상이의 하루

다음은 지상이가 친구들에게 보여준 결과입니다

	월	화	수	목	금	토	일
일일 소비 총 열량	612	651	432	391	408	891	783

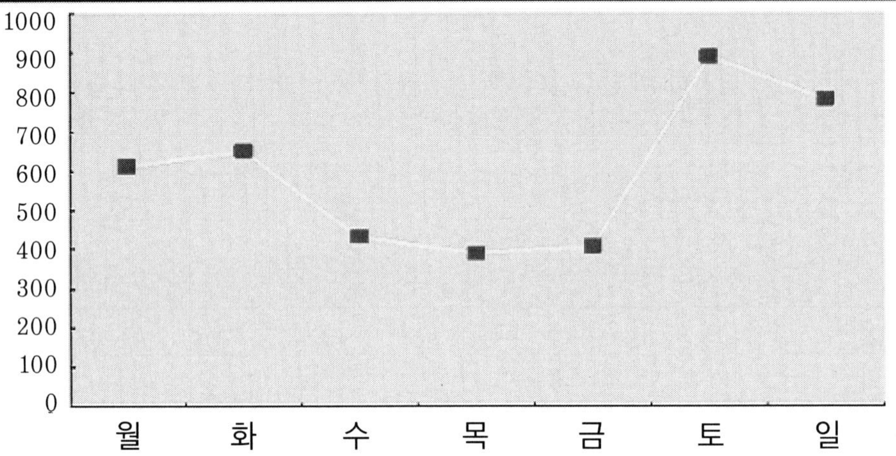

지상이는 계산기와 컴퓨터를 이용하여 데이터를 정리했습니다.

호기심 많은 소년 영호!

컴퓨터 워드 프로그램의 기능을 이것저것 탐색해 보다가 우연히 그래프 기능을 알게 되었습니다. 영호는 그 그래프를 기능을 이용하여 결과를 정리하였습니다.

다음은 영호가 나타낸 활동 결과입니다.

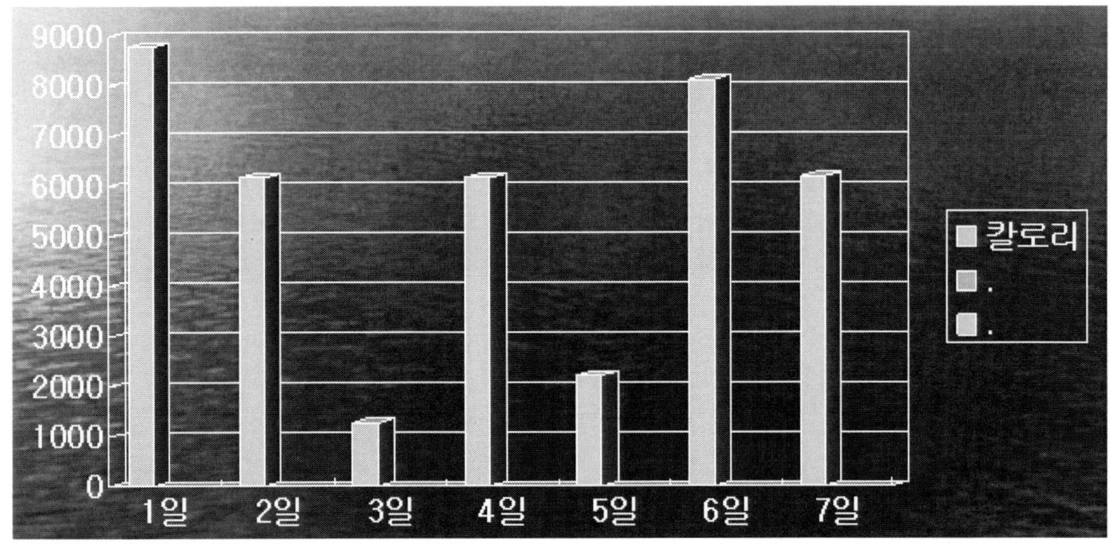

네 명의 활동 결과를 비교해 보세요.
어떤 친구의 활동 결과가 변화를 확인하기에 편리한가요? 왜 그렇게 생각하나요?

세 친구들은 계산기를 이용하여 이번 결과를 정리하였습니다. 어떤 계산기 기능을 이용하였을까요? 친구들과 함께 의논해 보세요.

이번에는 여러분 차례입니다. 각자의 일주일 소비열량을 조사해보고 계산기를 이용하여 어떻게 구하면 편리한지 알아보세요.

또 어떻게 활동 결과를 나타낼 때 친구들이 쉽게 이해할 수 있는지 생각해 보세요.

각자의 활동 결과를 친구들과 비교해 보세요.

영호와 친구들은 활동 결과를 좀 더 자세히 분석해 보았습니다. 분석결과 알아낸 점을 토의하였습니다. 다음은 친구들의 토의내용입니다.

영호: 내가 먹는 칼로리의 양이 내가 소비하는 칼로리의 양보다 적다는 것을 알게 되었어.
신재: 나의 경우, 섭취량과 소비량은 대략 700정도의 차이가 나기 때문에 섭취량과 소비량은 적당한 것 같아. 앞으로도 이번 주처럼 섭취와 소비를 한다면 건강한 생활을 유지할 수 있겠지?

지상: 칼로리 소모가 많은 것은 수영, 농구, 축구였어. 그리고 칼로리 소모가 적은 것은 집안 활동!
지상: 예를 들면, 글쓰기, 컴퓨터 게임!
지상: 게임하는 아이들이 왜 살이 많이 찌는지 알 것 같더라고!

민욱: 어? 잠잘 때도 칼로리가 소모되는데!

영호: 빈둥빈둥 놀 때는 그날의 칼로리의 취득 양이 많고 운동을 할 때에는 칼로리 취득 양이 적다는 것을 알게 되었다.

지상: 그래 맞아. 칼로리 소모량은 운동이 많아. 나도 섭취하는 칼로리보다 소비하는 칼로리가 너무 많아.

신재: 우리나라 한식에 비해 양식이나 중식은 칼로리가 높아 자주 먹는 것은 비만의 원인이 되는 것 같아. 영호, 너! 중식 좋아한다고 했지? 식습관을 바꿔 보는 것이 좋겠다.

영호: …….

신재: 식사나 잠자기도 칼로리가 소비되고, 녹차나 홍차는 먹으면서도 칼로리가 섭취되지 않고 오히려 소비된다는 것도 참 신기해.

여러분도 각자의 활동 결과를 자세히 살펴보고 어떤 점을 알게 되었는지 친구들과 의논해 보세요.

어떤 생활에 활동 결과 얻은 이러한 식단 기록을 이용하면 좋을까요? 친구들과 함께 의논해 보세요.

놀이마당 10. 주사위 놀이

두 개의 주사위를 굴려 보세요. 두 주사위 눈의 합에는 어떤 것들이 있을까요?

예: 1+1, 1+2, 1+3, 1+4, 1+5, 1+6, 2+1, 2+2, 2+3, …

어떤 합이 가장 많이 나올까요? 50번을 굴렸을 때 일어날 수 있는 총합을 분수, 소수, 백분율로 기록해 보세요.

예: 50번을 던져서 합이 10인 경우가 10번이 나오면, $\frac{10}{50}$ 또는 $\frac{1}{5}$의 분수로 나타낼 수 있고, 소수로는 0.2라고 나타냅니다. 또 백분율로는 20%라고 나타냅니다.

주사위를 굴려 나온 결과를 다음과 같이 기록해 보세요.

예:

결과(횟수)	주사위 눈의 합	분수	소수	백분율
/	2	1/50	0.02	2%
////	3	4/50	0.08	8%
////	4	4/50	0.08	8%
╫╫ ///	5	8/50	0.16	16%
╫╫ ╫╫ ///	6	13/50	0.26	26%
.				
.				
.				

분수, 소수, 백분율로 나타낼 때 어떤 규칙이 있을까요?
발견한 규칙을 짧은 글로 써 보세요.

데이터를 모아 구성하기

이번에는 데이터를 모아 구성하면서 알게 된 점을 생각해 봅시다.

어떤 합이 가장 많이 나올 것이라고 생각하나요? 왜 그럴까요?

여러분의 결과에 대하여 어떤 것을 알 수 있나요? 얻은 결과가 좋은 결과라고 생각되나요? 왜 그럴까요?

얼마나 자주 합이 발생되는지 분수로 나타내려고 한다면 어떤 정보를 이용하면 좋을까요?

어떤 정보를 이용하여 예측 하였나요? 여러분이 이용한 계산기는 어떤 도움을 주었나요?

분수와 소수를 비교하기 위하여 ①키와 F↔D키를 어떻게 이용하였나요?

소수와 분수를 비교하기 위하여 ÷키를 어떻게 이용할 수 있을까요?

분수, 소수, 백분율을 비교하기 위하여 ▸%키를 어떻게 이용하면 좋을까요?

분수와 소수를 비교할 때 ⁿ÷키를 이용해도 될까요? 왜 그럴까요?

데이터 분석과 결론

데이터를 모은 후, 친구들과 함께 결과를 의논하여 봅시다.

합을 예측할 때 어떤 정보를 사용하였나요?

주사위를 굴릴 때마다 각 합은 매번 똑같이 나오나요?

주사위를 50번 굴린 결과를 친구들과 의논해 보세요. 결과가 서로 같은가요? 어떻게 다른가요? 차이점을 설명해 보세요.

분수, 소수, 백분율간의 규칙을 설명할 수 있을까요?

친구들의 그래프와 나의 데이터는 어떤 점이 다른가요? 같은 점은?

친구들의 그래프를 모두 나타내려면 어떤 방법이 좋을까요? 전체 표시를 하지 않은 데이터에서 데이터 나타내기를 어떻게 결정할 수 있을까요?

분수와 소수를 비교하기 위해서 F↔D키를 이용해 보았나요? 왜 그런가요?

분수와 소수를 비교하기 위해서 ÷를 이용해 보았나요? 왜 그런가요?

분수, 소수, 백분율을 비교하기 위하여 ⁿ÷를 이용해 보았나요? 왜 그런가요?

분수, 소수, 백분율을 비교하기 위하여 ▸%를 이용해 보았나요? 왜 그런가요?

심 화

다면체 주사위를 이용해 본 경험이 있나요? 예를 들어 목제주령구 같
은 주사위 말이에요. 다면체 주사위를 이용한 결과가 어떻게 될지 예측
해 보세요. 데이터를 모아 살펴보고 여러분의 예측과 어떻게 다른지 비
교해 보세요.

주사위의 눈의 합

기록활동지

데이터를 모아 구성하기

합의 결과	가능한 합	분 수	소 수	백분율
	2			
	3			
	4			
	5			
	6			
	7			
	8			
	9			
	10			
	11			
	12			

학생들의 결과를 모두 모아 정리합니다.

데이터를 분석하여 결론을 내려 보세요.

모은 정보를 짧은 글로 써 보세요.

____

____

____

데이터를 모아 구성하기

주사위 놀이에 대하여 좀 더 생각해 볼까요?

민욱: 주사위 눈의 합을 분수로 나타내는 것이 훨씬 편리해.

왜 민욱이는 분수로 나타내는 것이 편리하다고 생각할까요?
분수, 소수, 백분율에서 '전체'는 어떤 뜻일까요?
주사위 눈의 합을 분수로 나타낼 때 분모가 뜻하는 것은?

데이터를 분석하여 결론 끌어내기

데이터를 모은 다음, 친구들은 결과에 대하여 토의하였습니다.

표에 기록한 것을 고치기 편하도록 주사위 색을 두 가지로 할 수 있을까요?
주사위 눈의 합에서 결과를 비교할 때 표의 어떤 정보를 이용하면 좋을까요?

결과로 나온 분수들을 모두 더하면 몇이 될까요? 다른 수들은? 결과를 설명해 보세요.
소수 형태로 계산기에 나타내 보고 합을 구해 보세요. 어떤 차이가 있는지 설명해 보세요.
나온 수들을 백분율로 나타내고 합을 구하세요. 결과는?
관찰한 것을 정리하여 짧은 글로 쓰세요.

분수에서 소수로 변환할 때 계산기에 어떤 변화가 나타나는지 설명해 보세요.
분수에서 백분율로 나타낼 때는?
소수에서 백분율로 나타낼 때는?

심 화

다면체 주사위를 이용하여 같은 방법으로 결과를 예측해 보세요. 분수, 소수로 가능한 합
을 나타내어 보세요.

주사위 눈의 합

기록활동지

데이터를 모아 구성하기

합을 얻는 방법	가능한 합	분 수	소 수	백분율
	2			
	3			
	4			
	5			
	6			
	7			
	8			
	9			
	10			
	11			
	12			

학생들의 결과를 모두 모아 정리합니다.

데이터를 분석하여 결론을 내려 보세요.

모은 정보를 짧은 글로 써 보세요.

____

____

____

신문과 그래프

신문과 잡지 등에서 원 그래프를 본 경험이 있나요? 친구들과 이야기해 보세요.

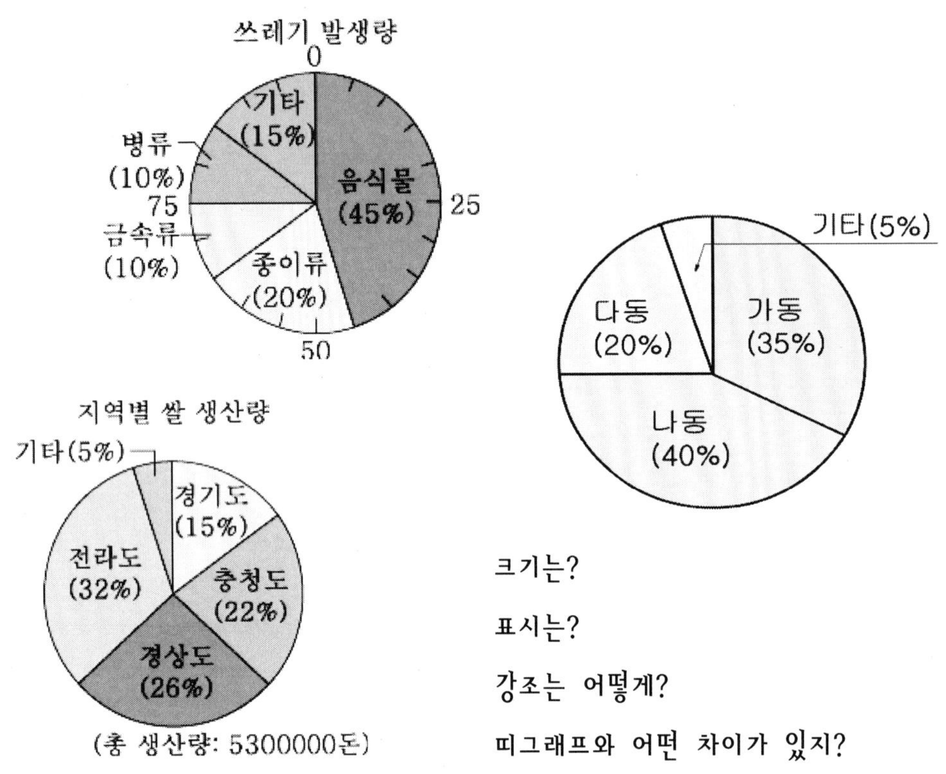

크기는?

표시는?

강조는 어떻게?

띠그래프와 어떤 차이가 있지?

다시, 주사위 눈의 합

데이터 중에서 서로 다른 합(2, 3, 4, 5, 6, 7, 8, 9, 10, 11)을 찾아 합이 같은 것끼리 색깔이 같은 쌓기나무로 바꾸어 나타내 보세요.

예를 들어 11개의 색깔이 필요하게 됩니다. 2개의 주사위를 굴려 나온 결과는 36개의 경우가 가능하고 따라서 쌓기나무도 36개가 필요하게 됩니다.

예: 영호는 합이 2인 경우는 빨간색 쌓기나무로 바꾸었습니다. 빨간색 쌓기나무는 1개가 사용되었습니다. 합이 3인 경우는 파란색 쌓기나무로 바꾸었지요. 2개가 사용되었다는군요. 합이 4인 경우는 녹색 쌓기나무로 바꾸었는데 3개가 사용되었습니다.

쌓기나무를 색깔별로 모아 붙인 후 종이에 대고 그려 보았습니다. 색칠도 하였는데, 쌓기나무 빨간 면이 닿은 부분은 빨간 색으로, 파란 면이 닿은 부분은 파란색으로 색칠하였습니다. 이와 같은 방법으로 하나의 긴 띠를 완성하였습니다.

그런 다음?
네. 긴 띠의 끝을 서로 붙여서 "원"을 만들었습니다. 그런 다음 도화지에 "원"을 올려놓았습니다.

원의 중심에 점을 찍고 원의 내부를 색칠하였습니다. 물론 원의 둘레에 닿은 색과 같은 색으로 원의 내부를 색칠하였어요. 각 부분에 이름을 써 넣는 것도 잊지 않았지요. 각 부분이 뜻하는 것은 무엇일까요? 친구들과 의논해 보세요.

한 원의 각도는 360°입니다.
원 그래프의 각 부분의 각도가 어떻게 될지 예상해 보고 친구들과 의논해 보세요. 그런 다음 각도기로 재어 보세요.
예상한 값과 여러분이 나타낸 결과가 같은가요?

예: 주사위 눈의 합	가능성	각 도
2	1/36	10°
3	2/36	20°
4	3/36	30°

자료를 모아 구성하기

원그래프를 만드는 동안 계산기를 탐험해 보세요.

같은 색의 쌓기나무를 모은 것은 어떤 의미일까요?
원의 어떤 부분이 색깔별로 모아 쌓기나무를 붙인 것을 나타낼까요?
어떻게 원의 각 부분의 크기를 어림할 수 있을까요?

각 부분의 각도를 예상하기 위하여 같은 색끼리 모은 쌓기나무를 어떻게 이용할 수 있을까요?
각 부분의 각도를 예상하기 위하여, 어떻게 분수를 이용할 수 있을까요?

모든 부분의 각도의 합은 참이 된다는 것을 어떻게 설명할 수 있을까요?

어떻게 계산기를 이용하여 각도를 구할 수 있을까요?
예상한 각도가 옳은지 알아보기 위하여 계산기의 어떤 기능을 이용할 수 있을까요?

자료를 분석하여 결론을 끌어내기

예상한 결과를 친구들과 서로 비교하며 이야기해 볼까요? 모둠 친구들과 어떤 전략으로
해결하였는지 이야기해보세요.

어떤 전략을 사용하여 내 예상이 옳은지 알 수 있을까요?

원그래프에서 원은 어떤 뜻을 가질까요?
원그래프에서 각 부분이 나타내는 것은 무엇일까요?
원그래프로 자료를 나타낼 때 장점은 무엇일까요? 단점은?

이 문제에서 계산기는 어떤 도움이 되었나요?
계산기를 사용하지 않고 이 문제를 해결할 수 있을까요? 왜 그런가요?
계산기를 이용하여 해결할 수 있는 문제를 만들어 보세요.

예: 36 대신에 35인 경우

언제 계산기가 가장 유용하였나요?
언제 계산기가 불편하였나요?

심 화

모눈종이의 넓이를 분수로 나타내어 보세요.
원의 넓이를 합을 분수로 나타냅니다.

주어진 정보를 이용하세요. 합의 원그래프를 만드는 방법을 떠올리며 만들어 보세요.

가능한 주사위 눈의 합을 그림으로……

기록활동지

자료를 모아 구성하기

주사위 눈의 합을 나타내는 원그래프를 그려 보세요.

자료를 분석하고 결론을 끌어내기

눈의 합	가능성	각 도

각 부분의 각도를 구해 보세요.

학교 급식 개선하라!

운동량보다 섭취량이 더 많음을 알게 된 엉뚱 소년 영호.
자신의 다이어트 식단을 짜기 위하여 이번에는 학교 급식에 대하여 알아보았습니다.
다음은 영호 학교 급식 프로젝트를 생각하게 된 사연입니다.

영똥 소년 영호

친구들 대부분이 '학교 급식이 맛이 없다'라고 생각해요. 때문에 학교 급식을 대신해서 배를 채울 군것질거리를 찾기 일쑤예요. 그렇지만 학교 앞에서 파는 군것질거리는 우리 몸에 좋지 않은 불량식품이 대부분이죠! 얼마나 우리의 건강에 해롭겠어요? 또 아껴야 할 용돈도 낭비이고! 그러므로 우리는 B · I 를 프로젝트로 시작하기로 마음먹었습니다.

어떤 급식 식단이 우리학교에서 인기가 있을까요? 식단은 입맛에 쏘옥 맞는 음식들로 가득한가요? 웰빙 음식인가요? 인스턴트인가요?

학교에는 영양사 선생님이 급식실에 계십니다. 영양사 선생님께서는 어떤 일을 하실까요? 다음은 영호 학교 영양사 선생님과의 인터뷰 내용입니다.

식단이란 식사의 계획으로 매 식사에 있어 영양과 기호를 충족시킬 수 있도록 음식의 종류와 분량을 정하는 것이죠. 경제면 · 위생면 · 능률면을 고려해 우수한 식품을 선택하여 그것을 어떤 방법으로 조리하여 급식대상자에게 제공하느냐에 대한 구체적인 계획이랍니다.

그렇습니다. 우리 학교 급식 메뉴는 영양으로나 인기로나 학생들에게 알맞아야 합니다.

우리 학교 급식비는 알맞은 값일까요?
여러분이 영양사 선생님이라면 얼마를 급식비로 정하시렵니까?

영호는 친구들과 함께 학교 급식에 대한 설문조사를 하였습니다.

설문조사 결과 친구들이 학교 급식에 대하여 불만을 갖고 있음을 알게 되었지요. 그래서 이를 개선하기 위하여 학생 30인분의 점심 메뉴를 영재원 친구들과 함께 계획해 보았습니다.

가능한 전략:

1. 점심 프로그램으로 어떤 음식을 먹고 싶은지 친구들에게 물어보세요.

2. 한국인 1일 영양권장량에 알맞게 종류별로 음식을 선택해 보세요.

3. 이 프로젝트 임무를 친구들과 협동하면서 완성해 보세요.

주의할 점:

1. 모둠 친구들의 선호도에 따라 역할을 나누세요. 예를 들어, 두 명은 표집 통계를 설계하고 수행하기, 두 명은 메뉴 만들기, 나머지는 컴퓨터로 메뉴 구성하기. 음식을 고르고 값을 정하는 이 프로젝트에 모든 모듬원이 참여하여야 합니다.

2. 통계가 정확하려면, 집표자는 표집을 하기 전에 특정 질문을 결정합니다. 다른 친구들에게 3~5가지 정도의 질문을 할 수 있게 생각해 보세요. “예” 또는 “아니요”로 단순히 대답하는 질문보다는 음식과 가격에 대한 질문을 포함합니다.

3. 어떤 사람들을 대상으로 표집 할 것인지 정합니다. 여러분의 표집을 여러분 학습으로 한정하여도 좋고, 다른 학급 친구들에게 물어보아도 좋습니다.
   주의할 점: 많은 사람을 표집할수록 여러분의 정보는 정확해집니다.

4. 기초 식품군이 고루 포함되도록 식단을 구성해 보세요. 음식에 대한 참고문헌을 찾아보아도 좋고, 영양에 대한 다른 유형의 음식 책을 찾아보아도 좋습니다.

〈한국인 1일 영양권장량〉

구분	연령 (세)	에너지 (kcal)	단백질 (g)	비타민						나이아신 (mg)	엽산 (μg)	칼슘 (mg)	인 (mg)	철분 (mg)	아연 (mg)
				A (R.E)	D (μg)	E (mg)	C (mg)	B1 (mg)	B2 (mg)						
소아	7~9	1800	40	500	10	7	60	0.9	1.1	12	150	700	700	10	9
남자	10~12	2200	55	600	10	8	70	1.1	1.3	1.4	200	800	800	12	12
	13~15	2500	70	700	10	10	70	1.3	1.5	17	250	900	900	16	12
	16~19	2700	75	700	10	10	70	1.4	1.6	18	250	900	900	16	12
여자	10~12	2000	55	600	10	8	70	1.0	1.2	1.3	200	800	800	16	10
	13~15	2100	65	700	10	10	70	1.1	1.3	14	250	800	800	16	10
	16~19	2100	60	700	10	10	70	1.1	1.3	14	250	800	800	16	10

위 표는 한국인의 1일 영양권장량을 기준으로 제시한 것으로 개인의 성장상태, 건강 및 활동 정도 등을 고려한 것입니다. R.E는 레티놀 당량(Retinol Equivalent)을 말합니다.

5. 메뉴를 설계할 때, 일일 권장량을 충족하도록 구성해야 한다는 점을 꼭 기억합니다.

6. 식단이 정해지면 음식 값을 계산합니다. 광고지나 동네 가게에서 음식값을 찾아보세

요. 30인분의 급식을 준비한다는 점을 꼭 기억합니다.

7. 종이 접시, 냅킨, 부엌세간 등은 계산하지 않습니다.

8. 식단을 멋있게 꾸며보세요. 점심 값으로 얼마를 매겼는지도 써 넣습니다. 워드로 작성한 다면 인쇄도 해보세요. 보드마커 또는 색연필 등으로 멋있는 메뉴를 작성하여도 좋습니다.

제출자료:

1. 작성한 메뉴
2. 완성한 활동지

탐구과정

다음은 영호와 친구들의 탐구과정입니다.

> 1) 학교 급식에 나오는 음식 조사
> 2) 설문지 작성, 조사(25명)
> 3) 설문지 분석, 자료(영양, 학생 일일 권장량, 급식 값) 조사
> 4) 설문지를 바탕으로 식단 짜기
> 5) 구성한 식단에 대한 만족도 조사

역할분담

경수: 기록 · 자료조사

민욱: 컴퓨터 · 모듬장

영호: 자료조사, 발표

지상: 보고서작성

신재: 자료조사 · 정리

친구들은 성격이 원만한 민욱을 중심으로 역할을 분담하였습니다.

설문지 작성

다음은 영호와 친구들이 작성한 설문지입니다. 설문내용에 어떤 질문이 더 들어가면 좋을까요? 친구들과 함께 의논해 보세요.

번호	문 제	답 변											
		1	2	3	4	5	6	7	8	9	10	11	12
1	학교 급식이 마음에 드나요?												
2	학교 급식에 불만이 있다면 개선되어야 할 점은 무엇일까요? ① 맛　　② 위생　　③ 영양 ④ 가격　　⑤ 기타(　　)												
3	밥 종류입니다. 하나를 고르시오. 마음에 드는 것이 없다면 기타에 써 넣으시오. ① 쌀밥　　② 콩밥　　③ 현미밥 ④ 흑미밥　　⑤ 기타(　　)												
4	국 종류입니다. 하나를 고르시오. 마음에 드는 것이 없다면, 기타에 써 넣으시오. ① 갈비탕　　② 조랭이떡국　③ 된장국 ④ 설렁탕　　⑤ 삼계탕　　⑥ 기타(　　)												
5	김치류입니다. 하나를 고르시오. 마음에 드는 것이 없다면, 기타에 써 넣으시오. ① 배추김치　② 열무김치　③ 동치미 ④ 나박김치　⑤ 총각김치　⑥ 샐러드 ⑦ 기타 (　　)												
6	반찬류입니다. 두 가지를 고르시오. 마음에 드는 것이 없다면 기타에 써 넣으시오. ① 돈가스　　② 불고기　　③ 떡볶이 ④ 잡채　　⑤ 수육　　⑥ 미트볼조림 ⑦ 생선가스　⑧ 제육볶음　⑨ 탕수육 ⑩ 계란찜　　⑪ 피자　　⑫ 기타(　　)												

영호와 친구들은 설문결과를 정리하여 발표하기로 하였습니다. 어떤 방법으로 정리하여 발표해야 친구들이 알아보기 쉬울까요?

경수: 역시 줄 글이 최고야. 간단하잖아!

민욱: 하지만, 특징이 없지 않을까?

신재: 표로 나타내면 어떨까?

영호: 그림은 어떨까?

경수: 어떤 그림?

영호: 글쎄…….

친구들은 설문 결과를 그림으로 나타내 보기로 하였습니다. 어떤 그림이 좋을까요? 친구들과 의논해 보세요.

    영호와 친구들은 칠판에 큰 종이를 붙이고 각 문항별로 해당란에 스티커를 붙이게 하였습니다. 예를 들면, 2번 문항의 경우 도화지를 5장 칠판에 붙이고 번호를 매긴 다음, 해당 되는 곳 에 스티커를 붙였습니다.

    설문이 끝난 다음 스티커의 개수를 세고 전체 응답자수 25명을 기준으로 하여 분수, 소수, 백분율로 설문 결과를 각각 나타내었습니다.

설문결과

기록활동지

데이터를 모아 구성하기

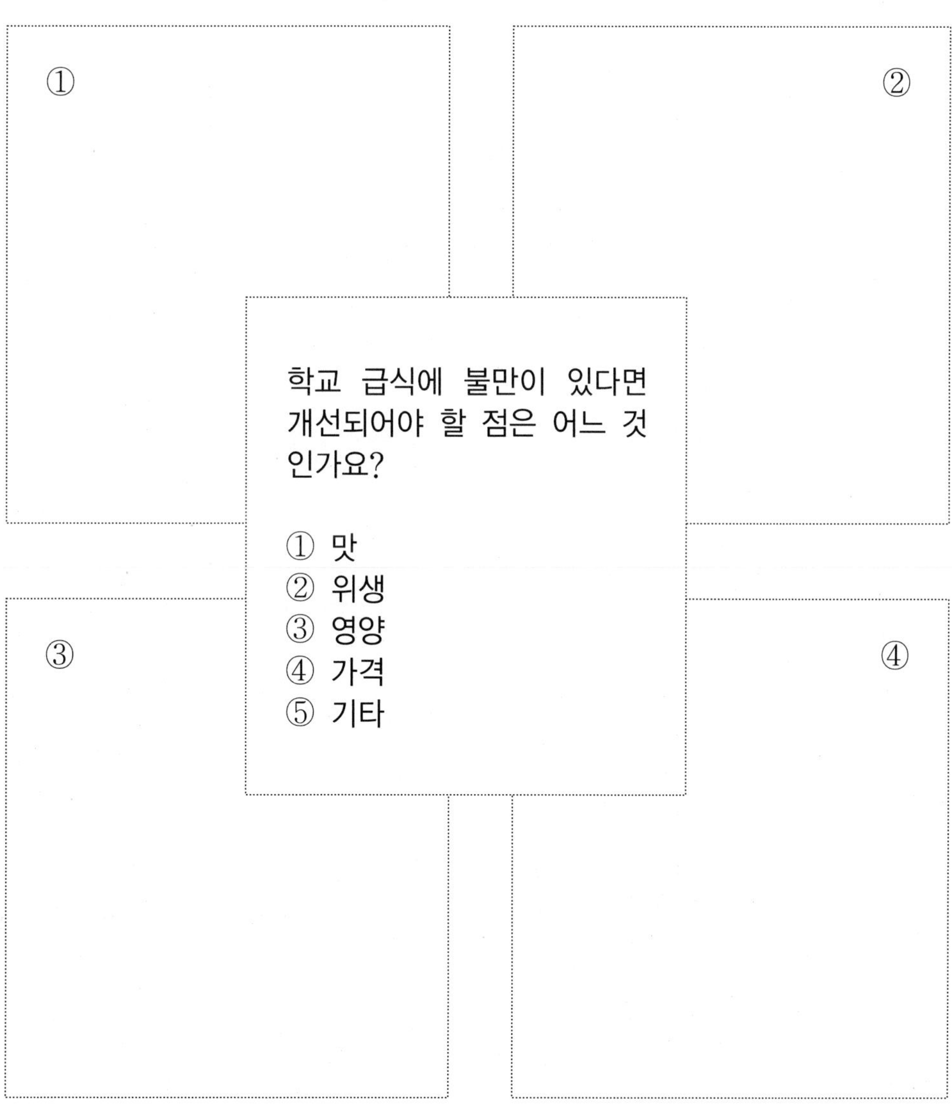

데이터를 분석하여 결론 이끌어 내기
모은 정보를 짧은 글로 써 보세요.

설문결과2

기록활동지용 스티커

오려서 사용하세요

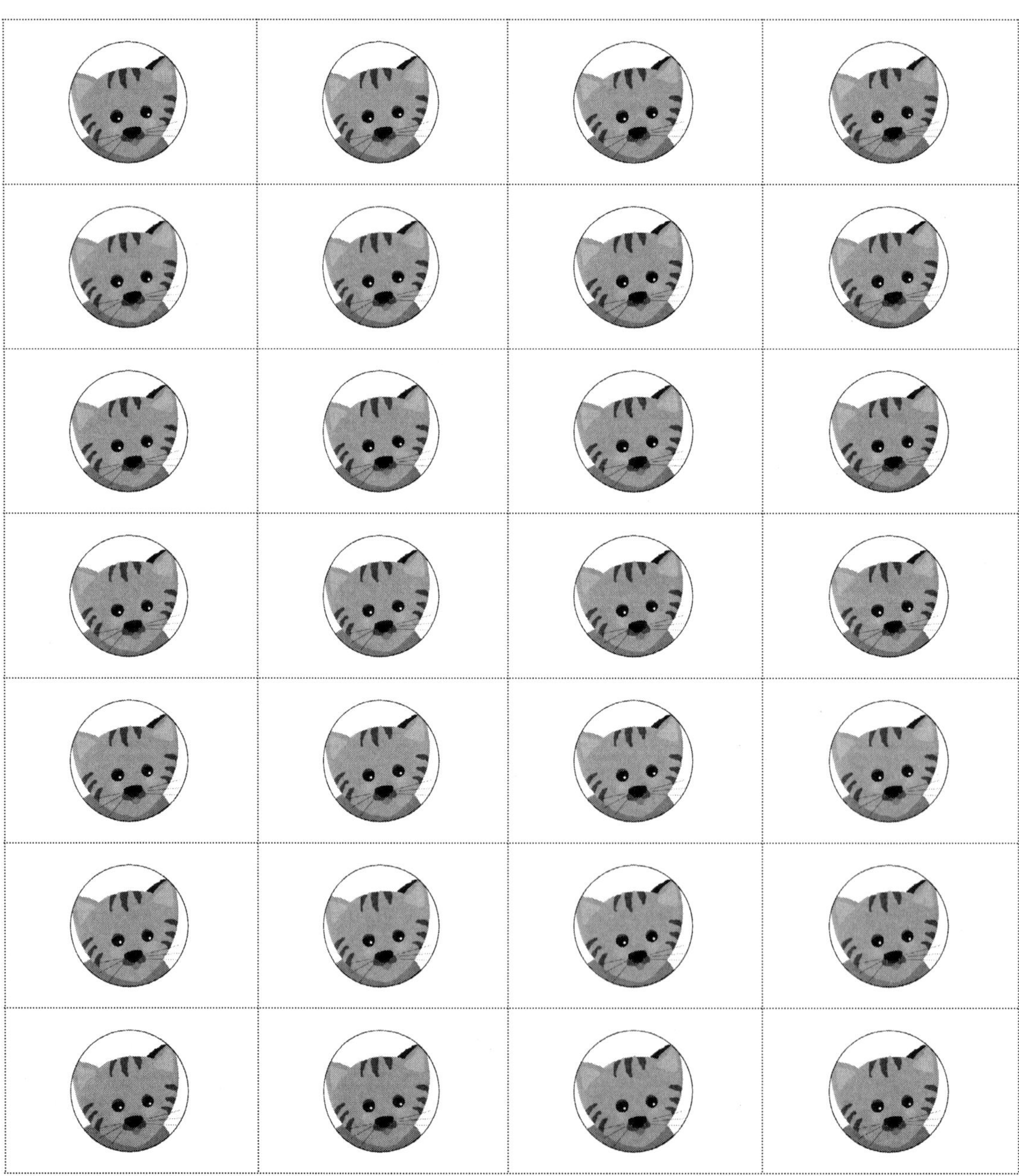

기록활동지

데이터를 모아 구성하기

문항 번호	설문 결과	분 수	소 수	백분율
1				
2				
3				
4				
5				
6				
7				
8				
9				
10				
11				

영호 모둠의 설문 결과

다음은 설문 결과입니다. 여러분도 각자 빈칸을 채워 보세요.

밥 류	사람수	분수	소수	백분율	국 류	사람수	분수	소수	백분율
쌀 밥	16				갈비탕	16			
콩 밥	2				조랭이국	3			
현미밥	5				카 레	3			
오곡밥	1				설렁탕	2			
흑미밥	0				삼계탕	1			
옥수수밥	1				된장국	0			
					청국장	0			

반찬류	사람수	분수	소수	백분율	김치 / 샐러드	사람수	분수	소수	백분율
돈가스	7				배추김치	22			
불고기	14				열무김치	1			
떡볶이	6				동치미	1			
잡 채	3				나박김치	0			
수 육	1				총각김치	0			
미트볼	5				샐러드	1			
생선가스	2								
제육볶음	6								
탕수육	4								
계란찜	1								
피 자	4								

밥류, 국류, 반찬류, 김치류 등에서 친구들이 가장 좋아하는 음식은 어떤 것인가요? 또 싫어하는 것은 어떤 것들인가요? 왜 그럴까요? 기타 의견도 배려하는 것 잊지 마세요.

전체 응답자수에 대한 해당 문항의 응답자 수를 계산기를 이용하여 구해 보세요.
분수로 나타내면 편리한 문항은 어느 것인가요? 왜 그런가요?
소수로 나타내면 편리한 문항은 어느 것인가요? 왜 그런가요?
백분율이 편리한 문항은 어느 것인가요? 왜 그런가요?

분수, 소수, 백분율로 각각 환산할 때 계산기의 어떤 기능을 이용하면 편리할까요?

각 문항마다 분수의 값을 모두 더한 결과는 무엇을 뜻할까요?

각 문항마다 소수의 값을 모두 더한 결과는 무엇을 뜻할까요?

각 문항의 응답 결과를 분수로 나타낼 때 분모는 무엇을 의미할까요?

영호는 설문자 수를 왜 25명으로 하였을까요?

여러분이 설문조사를 한다면 몇 명으로 하면 좋을까요? 왜 그렇게 생각하는지 친구들과 의논해 보세요.

영양 조사

영호와 친구들의 설문조사 결과는 다음과 같습니다.

1위: 불고기, 돈가스, 갈비탕, 쌀밥, 배추김치

2위: 떡볶이, 미트볼, 조랭이떡국, 현미밥, 열무김치

3위: 탕수육, 피자, 카레, 콩밥, 샐러드

4위: 생선가스, 잡채, 설렁탕, 오곡밥, 동치미

5위: 제육볶음, 달걀찜, 삼계탕, 옥수수밥, 배추김치

자료 조사를 맡은 영호는 칼로리를 조사해 보았습니다. 조사 결과는 다음과 같습니다.

단위: kcal

밥 류		국 류		반찬류		김치류	
음 식	칼로리	음 식	칼로리	음 식	칼로리	음식	칼로리
쌀 밥	30	피 자	270	떡볶이	226	배추김치	18
흑미밥	28	갈비탕	67	잡 채	178	열무김치	23
현미밥	45	떡 국	161	수 육	300	동치미	11
오곡밥	43	카 레	246	미트볼	160	나박김치	9
콩 밥	50	설렁탕	74	생선가스	141	총각김치	31
옥수수밥	42	삼계탕	129	제육볶음	193	샐러드	100
		된장국	67	탕수육	204		
		청국장	84	계란찜	92		
				돈가스	333		
				불고기	161		

영호와 친구들은 같은 종류의 음식끼리 칼로리를 비교해 보려고 합니다. 어느 음식의 칼로리가 높은지 또는 낮은지 알아보기 위해 자료를 다시 나타내었습니다.

다음은 영호와 친구들이 사용한 방법입니다.

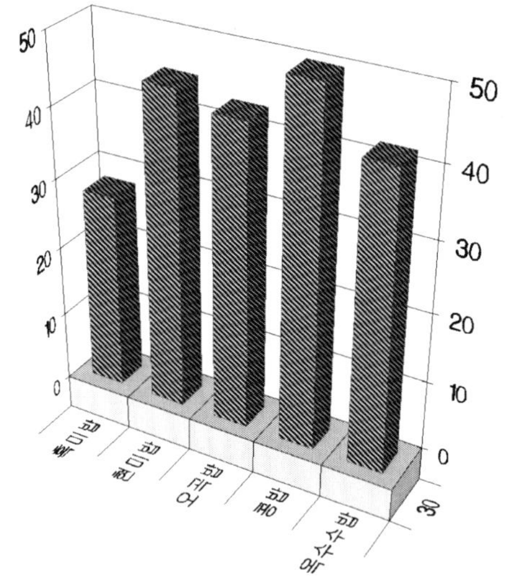

밥류 중에서 칼로리가 가장 높은 것은 어느 것인가요? 가장 낮은 것은? 왜 그런가요?

같은 종류의 음식들을 비교하려고 합니다. 어떤 방법으로 결과를 나타내면 좋을까요? 친구들과 의논하고 나타내어 보세요.

어떤 음식들이 국류, 반찬류, 김치류 중에서 칼로리가 가장 높은가요? 가장 낮은 것은? 왜 그런가요?

영호와 친구들이 밥류의 칼로리를 비교하기 위해 나타낸 위와 같은 그래프를 **막대그래프**라고 합니다. 막대그래프에는 가로축과 세로축이 있습니다. 가로축은 칼로리를 세로축은 음식 이름을 알려 줍니다.

탐구과제

영호와 친구들은 신문에서 다음과 같은 기사를 보았습니다.
어떤 내용일까요? 설명해 보세요.

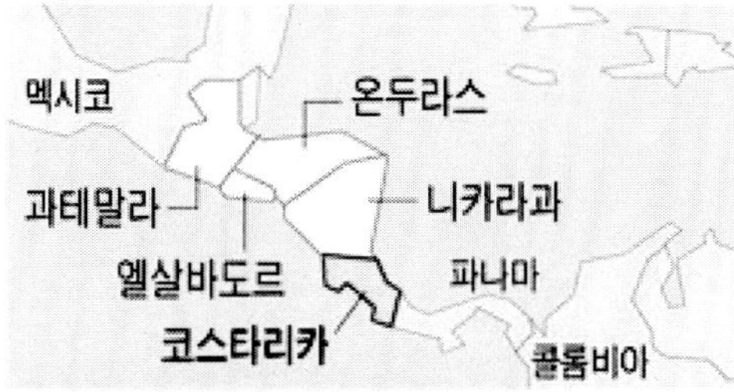

- 면적 : 5만1100km² (남한의 절반 크기)
- 인종 : 스페인계 백인 95%
  흑인 2%
  메스티조(원주민과 혼혈) 등 기타 3%
- 종교 : 가톨릭 90% 이상
- 주요산업 : 반도체, 식품가공, 섬유의류, 바나나
- 하루 2달러 이하 생활 인구
  : 전체 9.5%(중남미 우량국)

2006년 11월 13일 조선일보   출처: www.chosun.com

[과제]

신문이나 잡지에서 막대그래프를 찾아 어떤 내용인지 설명해 보세요.

칼로리는 700이다!

일일 학교 급식은 700~800칼로리 기준으로 계획 됩니다.

불고기, 돈가스, 갈비탕, 쌀밥, 배추김치를 오늘 점심에 먹었습니다.

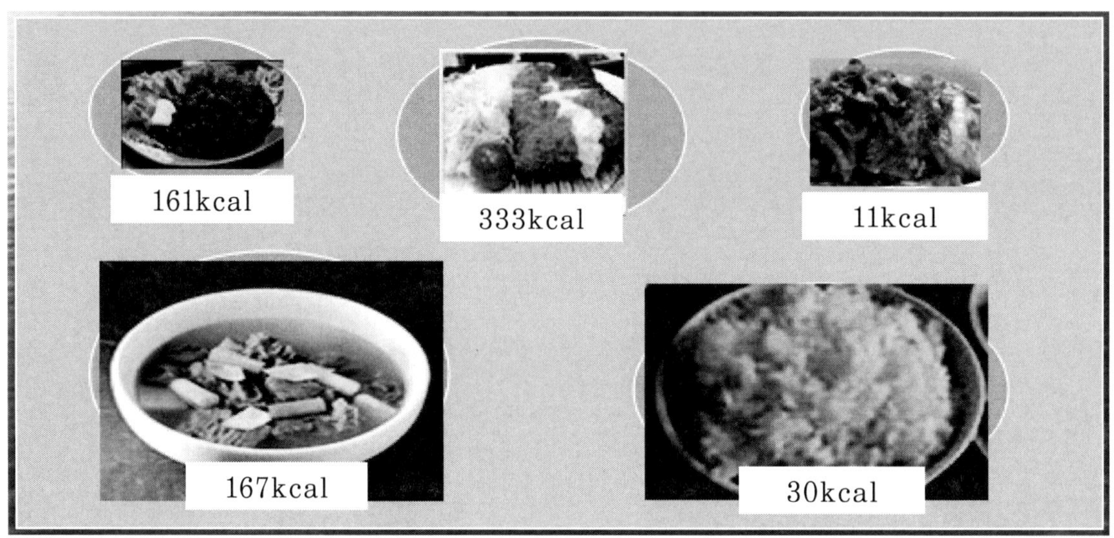

702kcal

자, 이번에는 여러분의 차례!
700~800kcal를 기준으로 한 끼 식단을 계획해 보세요.
어떻게 식단을 계획하면 좋을까요?

급식비

영양사 선생님은 어떤 점들을 생각하며 급식 식단을 구성하실까요?

영호와 친구들은 음식값을 조사해 보았습니다. 아무리 좋은 식단이더라도 음식값이 너무 비싸면 곤란하니까요.

다음은 영호와 친구들이 조사한 결과입니다.

단위: 천 원

밥 류		국 류		반찬류		김치류	
음 식	가격	음 식	가격	음 식	가격	음 식	가격
쌀 밥	0.1	피 자	10	떡볶이	0.41	배추김치	0.27
흑미밥	0.18	갈비탕	0.68	잡 채	0.43	열무김치	0.26
현미밥	0.22	떡 국	0.52	수 육	0.67	동치미	0.32
오곡밥	0.18	카 레	0.65	미트볼	0.48	나박김치	0.38
콩 밥	0.17	설렁탕	0.64	생선가스	0.51	총각김치	0.26
옥수수밥	0.7	삼계탕	0.71	제육볶음	0.46	샐러드	0.35
	0.5	된장국	0.42	탕수육	0.75		
		청국장	0.46	계란찜	0.22		
				돈가스	0.7		
				불고기	0.5		

하루 급식비는 보통 얼마일까요? 왜 그런가요?

친구들과 함께 의논하여 정해 보세요. 정한 방법을 선생님께 설명해 보세요.

띠그래프

【오늘의 메뉴】 기준: 1인분
　　　　　　　밥(100원), 갈비탕(680원), 불고기(500원),
　　　　　　　돈가스(700원), 김치(270원)

오늘의 메뉴에서 급식비는 얼마인가요? 오늘의 급식비에 대한 밥값을 분수, 소수, 백분율로 나타내세요.

다음은 영호와 친구들이 나타낸 방법입니다.

불고기	돈가스	밥	김치	갈비탕

오늘 급식비에 대한 갈비탕 값을 분수, 소수, 백분율로 나타내어 보세요.

소수로 나타내었을 때, 오늘 급식비의 총합은 얼마인가요? 왜 그런가요?

분수로 나타내었을 때, 오늘 급식비의 총합은 얼마인가요? 왜 그런가요?

백분율로 나타내었을 때, 오늘 급식비의 총합은 얼마인가요? 왜 그런가요?

> 영호와 친구들이 오늘의 급식비를 비교하기 위해 나타낸 그래프를 **띠그래프**라고 합니다. 이 띠그래프로 식비, 백분율, 음식이름을 알 수 있습니다.

원그래프

다음은 영호와 친구들이 짠 5일분 급식 식단입니다.

단위: kcal

제1일		제2일		제3일	
쌀 밥	30	현미밥	45	콩 밥	50
갈비탕	67	떡볶이	226	조랭이떡국	161
불고기	161	미트볼조림	160	탕수육	204
돈가스	333	카레라이스	246	피 자	270
배추김치	18	샐러드	100	열무김치	23
제4일		제5일		그 외 간식들	
오곡밥	43	옥수수밥	42	마늘빵	
설렁탕	74	삼계탕	129	떡	
생선가스	141	제육볶음	193	요플레	
잡 채	178	계란찜	92	요구르트	
동치미	11	배추김치	18	과 일	

제1일의 하루 총 열량은 얼마인가요?

제1일 식단에서 칼로리가 가장 높은 음식은 어느 것인가요? 가장 낮은 것은?

제1일 총 열량에 대한 쌀밥의 열량을 분수, 소수, 백분율로 나타내세요.

다음은 영호와 친구들이 나타낸 방법입니다. 돈가스는 제1일 열량의 얼마나 되는지 분수, 소수, 백분율로 나타내세요.

제1일 식단 구성(Kcal)

백분율로 나타내었을 때 제1일의 백분율의 총합은 얼마일까요? 왜 그런가요?

소수로 나타내었을 때 제1일의 소수의 열량 총합은 몇일까요? 왜 그런가요?

분수로 나타내었을 때 제1일의 열량의 총합은 몇인가요? 왜 그런가요?

2, 3, 4, 5일째 열량을 각각 분석해 보세요.

어떤 음식 열량이 하루 중 가장 많은지 비교해봅시다. 어떤 방법이 좋을까요?

> 영호와 친구들이 제1일 식단의 칼로리를 비교하기 위해 나타낸 그래프를 **원그래프**라고 합니다. 이 원그래프로 칼로리, 백분율, 음식이름을 알 수 있습니다.

> **[과제]**
> 신문이나 잡지에서 원그래프를 찾아 어떤 내용인지 설명해 보세요.

영양조사

오늘은 영호와 친구들이 짜 놓은 급식 식단을 영재원 친구들에게 발표하는 날.
영호가 발표를 시작합니다.

> 영호: 저희 모둠은 〈학교 급식 개선하라!〉는 주제로 5일간의 급식 식단을 구성해 보았습니다.
> 탐구문제는……

영호는 그동안 친구들과 함께 탐구한 문제, 과정, 역할분담, 내용 등을 발표하였습니다.
영호는 우레와 같은 박수를 받고 어깨가 으쓱해졌습니다.
자, 이번에는 심사위원 선생님들의 질문 시간!

> 심사위원: 왜 설문조사 인원을 25명으로 하였지요?
> 심사위원: 급식을 짤 때 우리는 보통 어떤 것들을 생각할까요? 음식값, 급식을 먹는 학생들의
> 입맛, 열량 그리고 중요한 무엇을 더 생각해야 할까요?

왜 설문조사 인원을 25명으로 하였을까요?
어떤 점들을 생각하며 급식 식단을 구성하면 좋을까요?
우리 몸에 필요한 성분에는 어떤 것이 있을까요?

5대 영양소

우리들의 건강한 신체를 지키는 데 필요한 영양소는 탄수화물, 지방, 단백질, 비타민, 무기질입니다. 그 밖에 섬유질과 물도 필요하지요.

영호와 친구들이 만들 식단을 영양소에 따라 분류해 보세요.

탄수화물	비타민	무기질	단백질	지 방
쌀 밥				

탄수화물 음식은 모두 몇 가지일까요?

무기질 음식은 모두 몇 가지인가요?

식단과 영양소

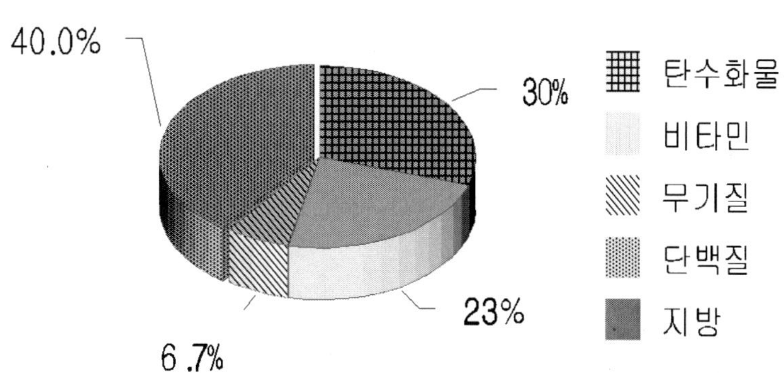

5대 영양소에 따라 음식의 분포를 분수로 나타내어 보세요.

각 분수의 총합은 몇인가요?

계산기의 어떤 기능을 이용하면 편리한가요?

여러분이 짠 식단을 5대 영양소에 따라 여러 가지 그래프로 나타내어 보세요. 막대그래프, 원그래프 또는 띠그래프도 좋겠군요.

어떤 그래프가 좋을까요? 왜 그런가요?

새 급식 식단 만족도?

영호와 친구들은 새로운 급식식단을 설문조사하였어요.
다음은 그 설문내용입니다.

구 분	평가항목	평가결과	
		그렇다	아니다
영 양	• 모든 식단이 영양 요구량을 만족시키는가? • 탄수화물, 단백질, 지방의 구성 비율이 적정한가?		
관 리	• 식단의 조리를 위해 기기사용의 분배가 적당한가? • 계획된 시간 내에 완성될 수 있겠는가?		
관 능	• 색상의 조화가 이루어졌는가? • 풍미의 조화(담백한 맛, 신맛, 단맛 등)가 이루어졌는가? • 형태, 크기의 다양성이 있는가? • 질감(바삭바삭함, 단단한, 부드러움)의 대조가 이루어 졌는가? • 온도(뜨거운 음식과 찬 음식)의 조화가 이루어졌는가? • 어린이의 기호에 적합한가?		
예 산	• 예산범위 내의 식단계획인가? • 식품비가 일부 식품에 치중되지 않았는가?		
기 타	• 계절식품을 이용하였는가? • 가공식품의 이용 빈도가 높지 않은가? • 절기식이 포함되었는가?		

설문결과 대다수의 학생(72%)이 계획한 급식식단을 좋아하였습니다.

급식이 마음에 들지 않는다는 의견도 있었는데, 아토피가 있거나, 알레르기가 있는 학생
들의 경우가 그러하였습니다.

반 성

영호와 친구들은 〈학교 급식 개선하라!〉는 프로젝트를 통해 영양사선생님의 많은 노력 끝에 학교급식이 이루어진다는 것을 새삼 깨닫게 되었습니다.

칼로리, 비용, 영양, 위생 등 많은 것을 고려해야 한다는 점.

한편 몸이 불편한 친구들을 위한 특별 메뉴도 고려해야 한다는 점도 알게 되었습니다.

학교 식단을 짜는 데 무려 20여 개의 과정을 거쳐야 했고 소수의견이기는 했지만 여러 사람의 의견을 소중히 반영해야 한다는 점도 알게 되었습니다.

이번에는 여러분의 차례!
각자 친구들과 구성한 식단을 보면서 어떤 점을 생각해볼 수 있나요? 함께 의논해 보세요.
식단 구성을 공부하면서 계산기의 어떤 점이 편리하였는지 친구들과 의논해 보세요.

영호의 이야기

영호는 어떻게 되었을까요?
다음은 이번 프로젝트를 통하여 영호가 알게 된 점입니다.

- 계산기의 이용법
- 여러 가지 수의 표기
- 조사한 자료의 표현방법

아, 중요한 것이 빠졌군요. 영호의 다이어트.

영호는 자신에게 좋은 다이어트 식단도 알게 되었습니다. 영양, 가격 그리고 칼로리에서
도 만족스러운 식단을 알게 되었고 자신의 식습관도 알게 되었답니다.

영호는 이제 1년 동안의 꾸준한 운동과 식습관 조절로 근사한 청소년이 되었습니다.

내일은 영재원을 수료하는 날.

좋아하는 신재와 프로젝트를 하면서 사이도 좋아지고,
영호에게 이번 프로젝트는 잊을 수 없는 추억이었답니다.

부 록

운동장의 크기와 파이(Pi)

　승찬이네 학교 한 귀퉁이에는 학교가 개교될 때 심은 소나무가 있습니다.

　동그란 울타리를 소나무 주위에 두르려고 합니다. 울타리에 예쁜 장식도 매달고요. 선생님께서는 다음 공식을 이용하여 울타리 길이를 구하라고 하십니다.

$$C = 2\pi r = 2 \times \pi \times 3$$

선생님: C는 울타리 둘레고, r은 울타리의 반지름 즉 3m입니다.

　참 이상하죠?

　선생님은 주어진 식에서 'π'가 무엇인지 설명해주시지 않으니 말이에요.

　π는 원주율입니다. 둘레를 뜻하는 그리스어의 머리글자인데, 옛날 사람들은 원의 둘레를 자로 재었다는군요. 그러다 보니 원의 둘레가 지름의 일정한 몇 배가 된다는 규칙 즉(원의 둘레)÷(원의 지름)=(어떤 숫자)이 있음을 알게 되었습니다. 이것을 수학자들은 π라는 원주율로 나타냅니다.

π를 알고 계십니까?

컴퓨터의 중요한 기능은 바로 계산능력의 빠르기입니다.
이제 원주율(π, 파이) 이야기를 해 볼까요?

원주율을 계산해내는 것은 수학자들의 오래된 꿈입니다. 그들은 여러 가지 방법으로 원주율을 구하려고 노력하였지요.

19세기 말, 영국 수학자 생크스는 20년 동안 π를 소수점 아래 707째 자리까지 계산하였습니다. 대단한 인내심과 끈기지요.

요즘은 어떨까요?
컴퓨터, 바로 이 신기한 도구가 π의 계산에 쓰입니다.
1981년 일본의 미요시는 FACOM M200라는 컴퓨터를 137시간 동안 가동한 뒤에 π를 소수점 아래 200만 자리까지 계산했어요. 결과를 인쇄하는 데 소요된 종이분량은 약 800쪽 정도!

가장 최근에는 두 명의 일본 수학자 다무라 요시아키와 가네다 야스마다라는 사람들이 7시간 동안 컴퓨터를 사용해서 원주율 π를 소수점 아래 8백만 자리까지 계산했지요.

"수학 프로그램은 계산기와 컴퓨터를 이용하면 더욱 강력한 힘을 갖는다."

이 말은 어떤 뜻일까요?
수학을 배울 때에 계산기 또는 컴퓨터를 이용하면 때때로 '연필과 종이'에 비해, 핵심적인 내용을 더욱 쉽게 알 수 있다는 말입니다.

계산기를 이용하여 여러 가지 문제를 접해 봄으로써, 우리는 아래의 장점들을 경험할 수 있습니다.

> **【계산기를 이용하여 수학을 공부하면】**
>
> ① 알고자 하는 수학적 내용을 더욱 쉽게 한다.
> ② 키보드 입력 기능을 연습할 수 있다.
> ③ 더욱 깊고 많은 수학적 생각을 할 수 있다.
> ④ 수학적 문제 해결력을 키워 준다.

우리 학교 운동장에 있는 스프링클러는 한 번 돌때, 반지름이 12m인 원모양을 그립니다. 물이 뿌려지는 부분의 넓이를 아래 공식을 이용하여 구해 보세요.

$$A = \pi r^2 = \pi \times 12^2$$

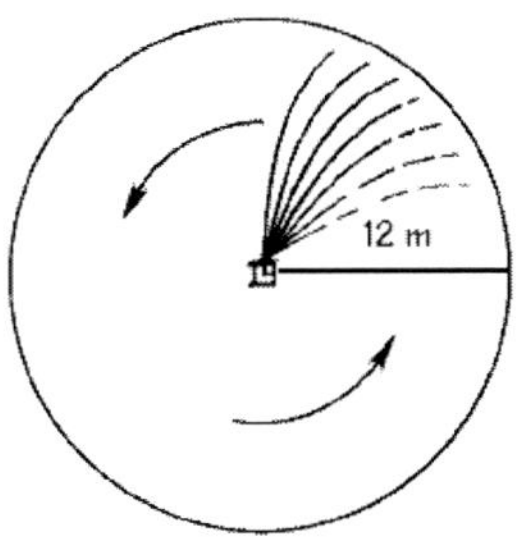

주   의

1. Ti-15 계산기에서는 내부적으로 Pi의 13자리 즉, 3.141592653590까지 처리합니다. 그러나 계산창에는 9자릿수까지만 배열합니다.

2. π를 소수로 바꾸려면, F↔D키를 눌러야 합니다. 그러면 9자릿수까지 계산창으로 확인할 수 있게 됩니다.

수세기와 거꾸로 수세기

C : 도전문제를 해결하기 전에 계산기의 모든 수를 지워보자.

■ 학습목표 ■
주어진 순서에 따라 계산기에 수를 입력하고 계산기의 상수 기능을 탐색할 수 있다.

▶ 도전1. ◀

다음을 계산기에 입력하여 2씩 뛰어 세어 보세요.
얼마의 시간이 걸려서 2에서 100까지 계산하였나요?

| + | 2 | = | = | = | ……

---

① 어느 정도 시간이 걸릴까요? 예상한 시간을 쓰세요.

② 걸린 시간을 재어 보고, 답하세요.

▶ 도전2. ◀

계산기를 이용하여 5씩 거꾸로 세기를 해 보세요.
얼마의 시간이 걸려서 45부터 35까지 계산할 수 있을까요?

| 4 | 5 | − | = | = | ……

---

① 몇 번의 = 키를 입력해야 할까요? 왜 그런가요?

덧셈과 뺄셈

■ 학습목표 ■

물건의 무게를 계산기의 합과 차 기능을 이용하여 구할 수 있다.

▶ 도전1 ◀

다음 물건의 합을 구하세요.

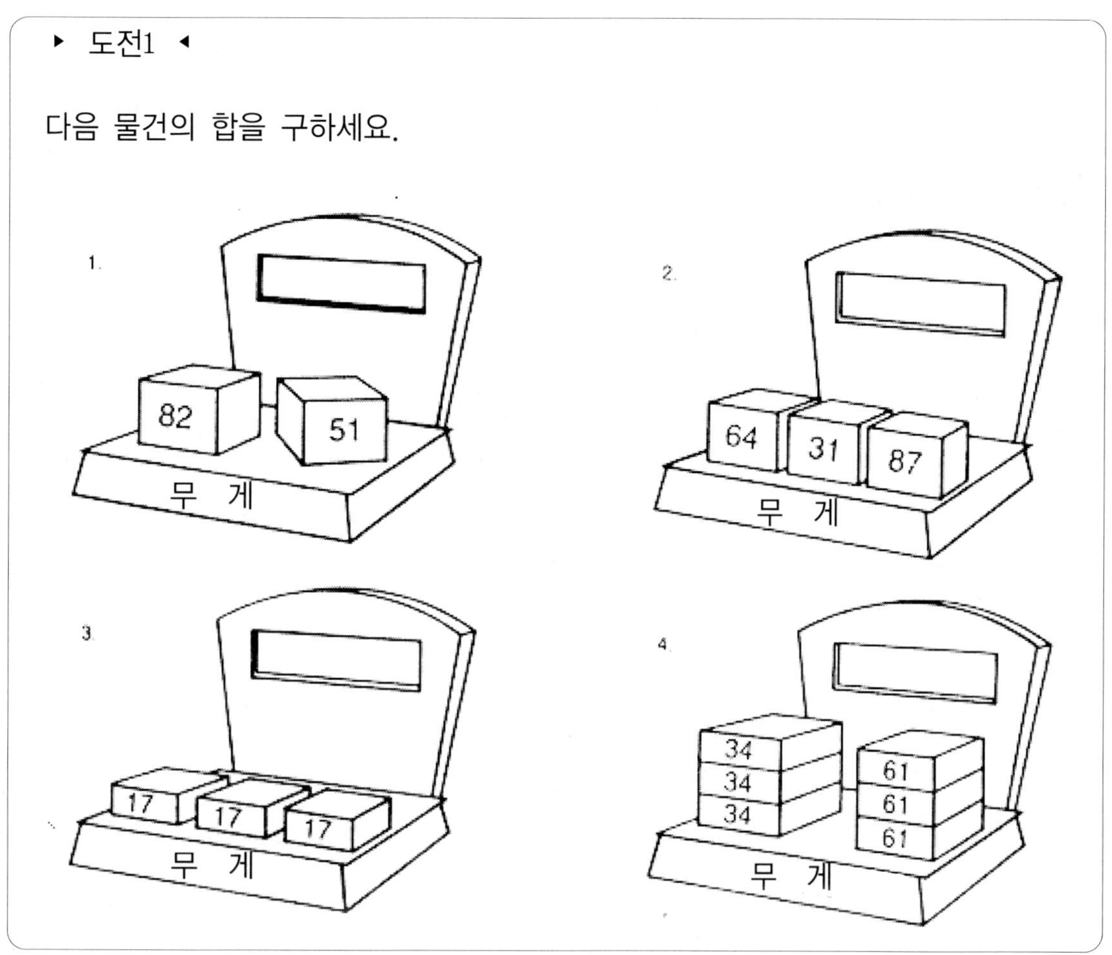

1. 물건의 무게의 총합은 얼마인가요?

2. 각각의 합을 구하는 과정을 계산 막대로 나타내 보세요.

3. 저울 눈금 중 가장 많은 숫자가 나온 저울은?

▶ 도전2 ◀

물건A의 무게를 구하세요.

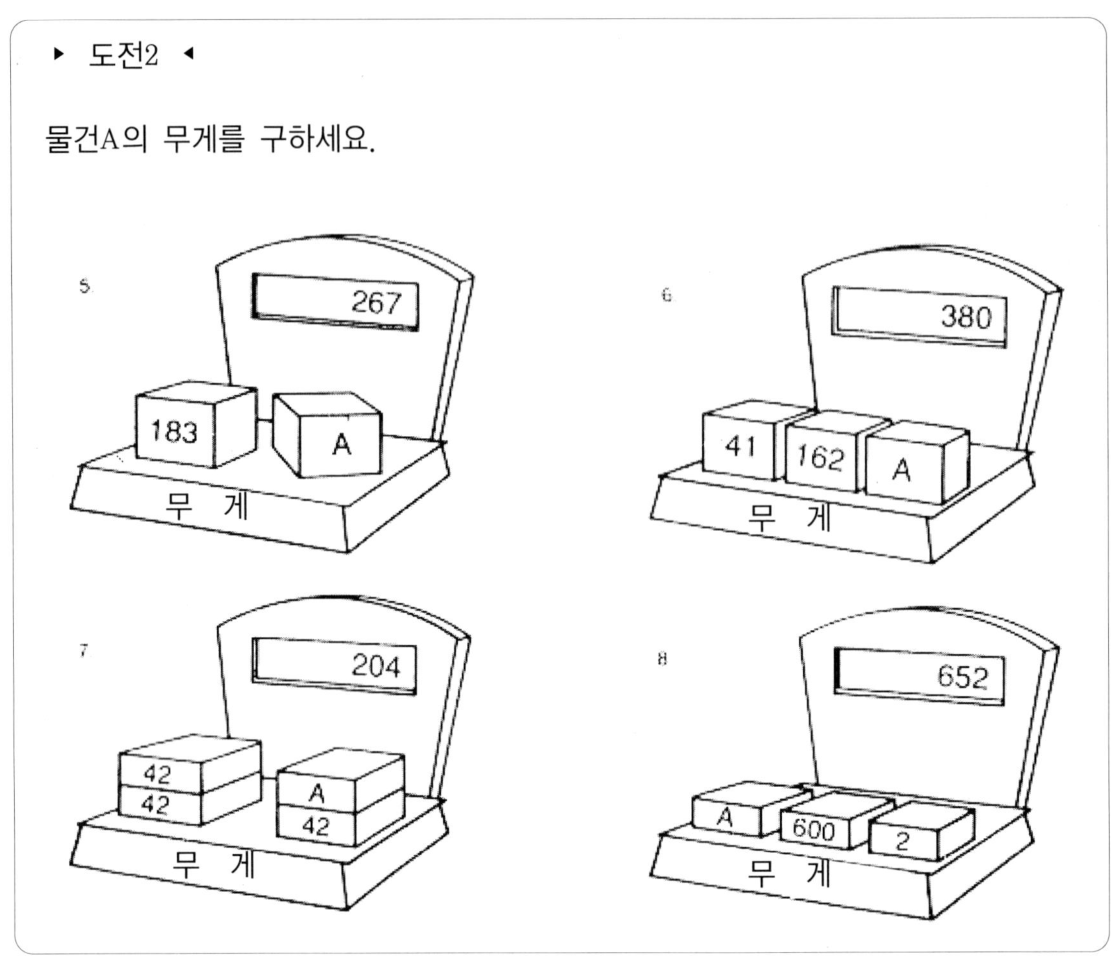

1. 물건 A의 무게는 얼마인가요?

2. 물건 A의 무게를 구해 보세요. 계산 과정을 계산 막대로 나타내 보세요.

3. 가장 무거운 물건 A는 어느 것인가요?

나는 얼마일까요?

■ 학습목표 ■

계산기의 상수 기능을 이용하여 숨겨진 수를 찾아 낼 수 있다.

▶ 도전1 ◀

나의 수를 맞혀 보세요.
① 두 사람이 짝이 됩니다.
② 가위, 바위, 보를 하여 이긴 사람이 먼저 계산기에 수를 입력합니다.

예】

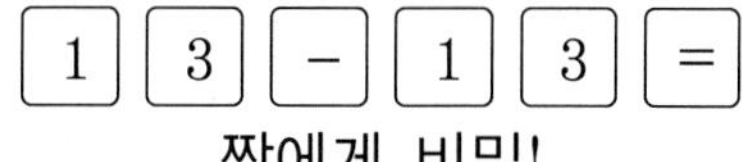

짝에게 비밀!

③ 짝에게 계산기를 그대로 넘겨줍니다.
④ 계산기를 넘겨받은 사람은 ▣키를 이용하여 비밀의 수를 찾습니다.
⑤ 걸린 시간을 모두 더하여 시간이 적은 사람이 이깁니다.

▶ 도전2 ◀

나의 수를 맞혀 보세요.
① 두 사람이 짝이 됩니다.
② 가위, 바위, 보를 하여 이긴 사람이 먼저 계산기에 수를 입력합니다.

예】

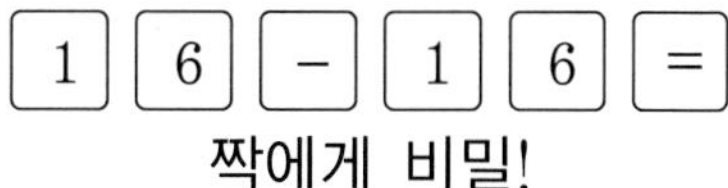

짝에게 비밀!

③ 계산기를 짝에게 그대로 넘겨줍니다.
④ 계산기를 넘겨받은 사람은 ▣키를 이용하여 비밀의 수를 찾습니다.
　예】 50▣ ☞ 3.125　결과가 3배 이상이군요. 작은 수를 택합니다.
　　　30▣ ☞ 1.875　아직도 크므로 더 작은 수를 택하여 보세요.
　　　10▣ ☞ 0.625　너무 작군요. 약간 큰 수를 택하여 보세요.
　　　15▣ ☞ 0.9375 거의 비슷해지고 있군요.
　　　16▣ ☞ 1 감춘 수는 16이었습니다.

게임판

▶ 도전1 ◀	나				상대방			
게임 회수	1	2	3	4	1	2	3	4
비밀의 수								
걸린 시간								

게임판

▶ 도전2 ◀	나				상대방			
게임 회수	1	2	3	4	1	2	3	4
비밀의 수								
걸린 시간								

숨겨진 수

■ 학습목표 ■
계산기의 상수기능과 역연산을 이용하여 숨겨진 수를 찾아 낼 수 있다.

▶ 도전1 ◀

주어진 등식의 오른쪽부터 역연산을 이용하여 숨겨진 수를 찾으시오.

① ★ × 127 = 2159 ☞
② ★ ÷ 679 = 529   ☞
③ ★ × 505 = 11615 ☞
④ ★ ÷ 713 = 70587 ☞

▶ 도전2 ◀

① 나를 맞혀 보세요.
  어떤 수와 59의 곱은 5605입니다. 나는 얼마인가요?

② 나를 맞혀 보세요.
  어떤 수를 168로 나누었더니 861이 몫이 되었습니다.

▶ 도전3 ◀

① $204N + 1489 = 2713$
② $486N - 17833 = 7439$
③ $38512 = 456N - 350000$
④ $0 = 125N - 15625$
⑤ $\dfrac{N}{23} + 89 = 134$
⑥ $\dfrac{N}{47} + 547 = 630$
⑦ $\dfrac{N}{154} = \dfrac{169}{143}$
⑧ $\dfrac{N}{64} = \dfrac{(389 + 427)}{55}$

나머지

■ 학습목표 ■

계산기를 이용하여 나눗셈을 하고, 몫의 소수점 이하의 의미를 알 수 있다.

▶ 도전1 ◀

① 2064 ÷ 64를 입력합니다. 32.25
② 몫을 기억합니다. 32
③ 32 × 64 − 2064 ＝ 를 입력하여 값을 구해보세요.
④ 나머지는 16입니다(화면의 음수 표시는 무시하기로 하자).
⑤ 16 ÷ 25 ＝ 0.25 와 나머지를 비교해 보세요.

☞ 계산기를 이용하면 나머지는 어떻게 나타내어질까요?

▶ 도전2 ◀

보이스카우트 어린이 600명이 버스를 타고 캠프를 갔습니다.
각 버스마다 64명이 타고 있습니다. 버스는 모두 몇 대 필요합니까?

▶ 도전3 ◀

주머니 한 개에 사탕을 12씩 담으려고 합니다. 모두 127개의 상자가 있습니다.
1530개를 상자에 담고 나면 상자는 몇 개나 남게 될까요?

▶ 도전4 ◀

1000000일 동안 일주일은 몇 번 반복될까요? 그리고 며칠이 남게 될까요?

메모리

■ **학습목표** ■

계산기의 메모리 기능을 이용하여 혼합연산을 할 수 있다.

▶ 도전1 ◀

① 각각의 연산을 하기 전에 계산기에 저장된 수를 모두 지워야 합니다.

② $16 \times 7 + 17 \times 6$ (답 : 224)

| 1 | 6 | × | 7 | = | M | + | 1 | 7 | × | 6 | = | M | + | MR |

③ $16 \times 7 + 16 \times 6 + 15 \times 5 + 14 \times 4 + 13 \times 3 + 12 \times 2 + 11$

④ $1000 - 25 \times 25 - 14 \times 14 - 3 \times 3$ (답 : 170)

⑤ $55 \times 5 - 44 \times 4$ (답 : 99)

⑥ $114 \div 19 + 104 \div 13$ (답 : 14)

⑦ $\dfrac{514}{125} - \dfrac{20}{32}$ (답 : 3.487) ☞ $20 \div 32$ 다음에 M$-$ 키를 사용하시오.

⑧ $\dfrac{627 + 84 \times 17}{137}$ (답 : 15)

⑨ 일 년은 31일씩 표시된 달이 7개월이고, 30일씩 표시된 달은 6개월입니다. 또 28일 표시된 달은 1개월입니다. 일 년은 모두 며칠입니까?

▸ 도전2 ◂

계산 결과가 같은 것끼리 선으로 이으시오.

$83 \times 51 + 51 \times 46$ •

(56 + 83) × 46   •

$83 \times (51 + 46)$ •

$83 \times (51 + 46)$ •

• $46 \times 51 + 46 \times 83$

• $83 \times 51 + 46$

• $51 \times (83 + 46)$

• $83 \times 51 + 83 \times 46$

▸ 도전3 ◂

계산기의 사칙연산 키(⊞, ⊟, ⊠, ⊡)를 이용하여 등식이 성립되도록 만드시오.

① 53____18____10 = 964

② 521____16____16 = 265

③ 127____92____112____83 = 24

④ 1325____184____131 = 25

원, 구, 원뿔, 원기둥

■ 학습목표 ■

계산기를 이용하여 넓이와 부피를 구할 수 있다.

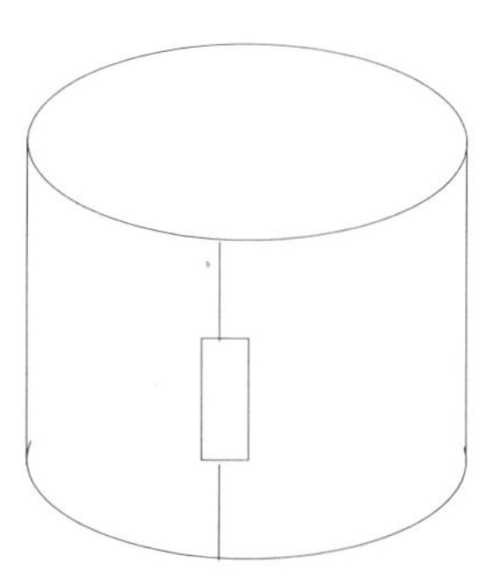

▸ 도전1 ◂

① A4종이를 말아 테이프 붙여 보자.
② 원기둥의 지름을 재어 보자.
③ 원의 둘레를 지름으로 나누어 보자.
④ 구한 값의 의미를 생각하여 보자.

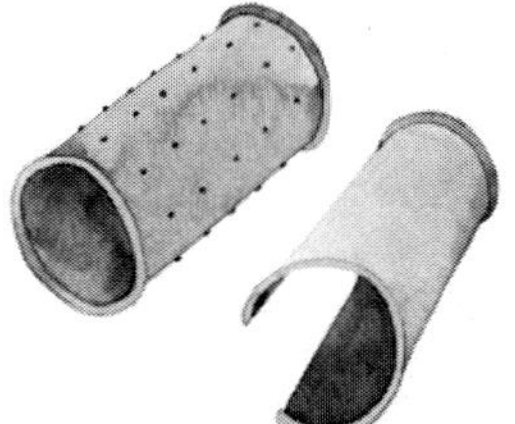

▶ 도전2 ◀

① [도전1]에서 얻은 π를 이용하여 다음 계산을 하여 보자.

② 원의 둘레 : π × 0 =

원의 넓이 : r × = × π × h =

원뿔의 부피 : r × = × π × h ÷ 3 =

원기둥의 부피 : r × = × π × h = (밑면의 넓이 × 높이)

구의 부피 : r × = = × π 4 ÷ 3 =

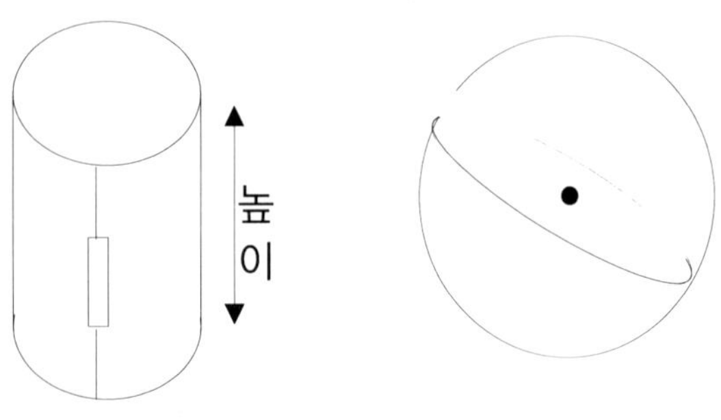

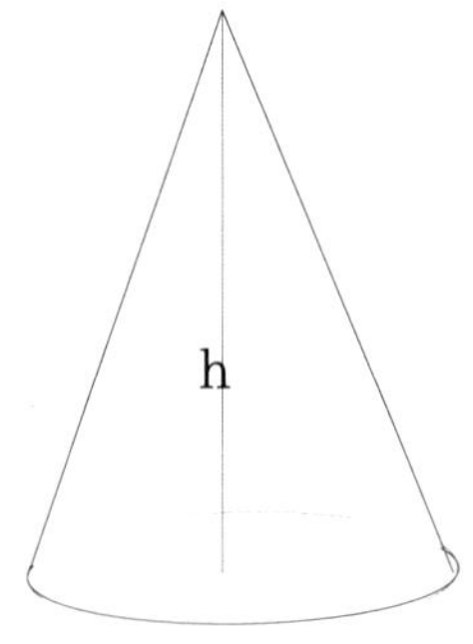

① 반지름이 15㎝인 원의 넓이를 구하세요.
② 높이가 36㎝이고, 반지름이 25㎝인 원기둥의 부피를 구하세요.
③ 테니스공이 3개 담긴 캔이 있습니다. 그 캔의 높이는 23㎝이고 지름은 7.5㎝입니다. 남은 공간은 얼마나 될까요?

퍼센트(백분율)

■ 학습목표 ■
계산기의 백분율 기능을 이용하여 물건의 값을 구할 수 있다.

▸ 도전1 ◂

① 원경이는 수학학력평가에서 25문제 가운데 20문제를 득점하였습니다. 선생님은 상위 65% 점수에 해당하는 학생의 이름을 교실 게시판에 공고하였습니다. 몇 번째에 원경이의 이름이 있을까요?

② %키는 =키 앞에 입력합니다. % 키를 이용하여 백분율을 나타낼 수 있습니다.

③ 아래의 주어진 문제를 해결하여 보세요.

---

① 찬우는 농구게임에서 공을 12개 던져서 9개를 성공시켰습니다. 골 득점률은 _____입니다.

② 준혁이는 1학기 180일의 출석기간 동안 162일을 출석하였습니다. 준혁이의 출석률은 _____입니다.

③ 신좌는 3만 9천6백 원의 용돈 가운데, 5천9백4십 원을 저축하였습니다. 신좌의 저축률은 _____입니다.

▸ 도전2 ◂

① 물건을 사려고 하는데 가격 표시가 1200원(부가세 8%는 별도)이라고 되어 있습니다. 손님이 지불해야 하는 값을 알아보세요.

② 호텔 숙박료가 12만 원입니다. 여기에 6%의 세금과 10%의 팁을 추가한다면 얼마를 내야 할까요?

세금과 물건의 값

■ 학습목표 ■

계산기의 백분율 기능을 이용하여 물건의 값을 구할 수 있다.

▶ 도전1 ◀

① 어떤 시계는 공장도 가격 ₩46,000에 5%의 세금이 붙는다고 한다.

② 시계의 가격은 얼마인가?

③ 46000⊞5％을 입력하여 보자.

④ 【주의】 계산기에 따라서는 46000⊞5％⊟을 입력하여야 하는 경우도 있습니다.

⑤ 계산방법 1. 원래의 가격에 부가세 5%를 더한다.

| 4 | 6 | 0 | 0 | 0 | + | 5 | % |

⑥ 계산방법 2. 원래 100%에 부가세 5%를 합쳐 105%를 계산한다.

| 1 | 0 | 5 | + | 4 | 6 | 0 | 0 | 0 | % |

▶ 도전2 ◀

아래의 주어진 문제를 해결하시오.

① 승찬이네 저녁 외식값은 계산서에 1,875,000원(봉사료 10%는 별도)라고 되었습니다. 지불해야 할 금액은 얼마인가요?

② 음료수 1병의 출고 가격은 520원입니다. 세금이 35% 부가된다면 이 음료수의 가격은 얼마로 출고될까요?

③ 쇠고기의 가격은 ₩16,240입니다. 음식점에서 스테이크를 먹을 때는 6%의 세금과 20%의 서비스요금이 더 추가됩니다. 스테이크의 값을 계산하시오.

시장 보기

■ 학습목표 ■
계산기의 여러 기능을 이용하여 물건의 값을 구할 수 있다.

▶ 도전1 ◀

① 다음과 같이 물건을 구입하였습니다. 물건의 총 구입액을 구하세요.
  칫솔 3개, 반창고 2상자

포도 3송이 10,000원

옥수수 1,350원

칫솔 970원

물휴지 5장 900원

비디오테이프 5개 19,000원

▶ 도전2 ◀

① 옥수수 2개, 포도 5송이, 물휴지 2장을 구입하면, 필요한 금액은
  ₩＿＿＿＿＿＿＿＿입니다.

② 칫솔 3상자, 반창고 2상자, 포도 4송이를 구입하면, 필요한 금액은
  ₩＿＿＿＿＿＿＿＿입니다.

③ 비디오테이프 12개, 포도 7송이, 옥수수 5개를 구입하면, 필요한 금액은
  ₩＿＿＿＿＿＿＿＿입니다.

계산 막대 활동지

참고문헌

박교식(2003). 수학용어 다시보기. 서울: 경문사

한국수학교육학회(1999). **초등학교 수학 교수 방법 개선을 위한 워크샵**(1), 한국수학교육학회.

Abels. M.외(2004). 수학으로 보는 세상: 통계로 나타낸 세상. (나온교육연구소 역). 서울: 나온교육연구소. (영어 원작은 2003).

Breeden, T. & Dillard, K.(1996). *Middle school mathematician: Empowering students to achieve success in algebra and geometry.* Nashville, TN: Incentive publication.

Corburn, T.G.(1995). *Teach mathematics using a calculator*, Reston, VA: NCTM.

Christ, G. M.(2000). *A world of mathematics: Activities for grades 4, 5, and using the ti-15.* Dallas, TX: Texas instrument.

Frank, M.(2000). *Graphing, statistics & probability: Incentive excercises to sharpen skills and raise achievement.* Nashville, TN: Incentive publication.

Johnson, P.(2003). 세계의 옛이야기. (나유진 역). 서울: 아이북. (영어 원작은 2002년 출판)

Huitema, S., van der Klis, A., Timmermans, M., & Man, m.m.v. P.(1985a). *De wereld in getallen Rekenboek B groep 8.* 's-Hertogenbosch: Malmberg.

Huitema, S., van der Klis, A., Timmermans, M., & Man, m.m.v. P.(1985b). *De wereld in getallen Handleiding B groep 8.* 's-Hertogenbosch: Malmberg.

Muschla, J. & Muschla, G. R.(2006). *Hands on math projects with real-life applications(2nd).* San Francisco, CA: Jossey bass.

Stenmark, J. K., Thomson, V., Cossey, R.(1986). *Family math.* CA: Lawrence hall of science.

김신좌

경인교육대학교 수학교육, 서강대학교 교육대학원 수학교육을 거쳐 단국대학교 수학교육을 졸업하였다. 인천산곡남초, 서울신용산초, 서울원명초, 대만고웅한국학교를 거쳐 현재 서울금양초에서 아이들과 호흡하고 있다. 전국현장교육연구대회(2001), 서울시 지정 연구교사(2002-2003)로 활동하였으며, 한국학술진흥재단 교과교육공동연구에 연구책임자를 맡았다(2005-2006). 〈모델링에 의한 공간감각 학습에 대한 사례연구〉, 〈MCAI를 이용한 초등학교 도형교육〉, 〈수학교육에서 통합의 의미〉, 〈도형교육에서 통합의 의미〉, 〈왜 하필 4 더하기 3인가〉, 〈손가락을 보지 말고 달을 보라〉 등을 수학교육 논문으로 발표하였다. 그 외에 현재 교원연수 및 서울시평가지원단으로 활동하였고, 강남교육청 영재교육원 수학분야 를 강의하였으며 경인교육대학교 수학교육을 강의하였다.

고지연

이화여자대학교 초등교육, 동교육대학원 초등교육을 전공하였다. 서울수서초, 서울흥인초, 서울원명초를 거쳐 2008년 현재 서울창신초등학교에서 교직생활중이다. 한국학술진흥재단 교과교육공동연구(2005-2006)에 공동연구자로 참여하였고, 수학과 평가에 관심을 가지고 평가연수 및 문항출제 활동에 열심이다.

아하, 계산기는 마법사

- 초판 인쇄   2008년 10월 20일
- 초판 발행   2008년 10월 20일

- 지 은 이   김신좌 · 고지연
- 펴 낸 이   채종준
- 펴 낸 곳   한국학술정보㈜
          경기도 파주시 교하읍 문발리 513-5
          파주출판문화정보산업단지
          전화 031) 908-3181(대표) · 팩스 031) 908-3189
          홈페이지 http://www.kstudy.com
          e-mail(출판사업부) publish@kstudy.com

- 등   록   제일산-115호(2000. 6. 19)
- 가   격   9,000원

ISBN   978-89-534-9936-2 93370 (Paper Book)
       978-89-534-9937-9 98370 (e-Book)